5/10    2010
8/15

S. 161 "Beton"

Michael Sontheimer

# »Natürlich kann geschossen werden«

Eine kurze Geschichte
der Roten Armee Fraktion

Deutsche Verlags-Anstalt

**Mix**
Produktgruppe aus vorbildlich bewirtschafteten
Wäldern und anderen kontrollierten Herkünften
www.fsc.org  Zert.-Nr. SGS-COC-001940
© 1996 Forest Stewardship Council

Verlagsgruppe Random House FSC-DEU-0100
Das für dieses Buch verwendete FSC-zertifizierte
Papier *Munken Premium Cream*
liefert Arctic Paper Munkedals AB, Schweden.

1. Auflage
Copyright © 2010 Deutsche Verlags-Anstalt, München,
in der Verlagsgruppe Random House GmbH
und SPIEGEL-Verlag, Hamburg
Alle Rechte vorbehalten
Typografie und Satz: DVA/Brigitte Müller
Gesetzt aus der Sabon und der American Typewriter
Druck und Bindung: GGP Media GmbH, Pößneck
Printed in Germany
ISBN 978-3-421-04470-9

www.dva.de

# Inhalt

**Vorwort**
Gewalt gebiert Gewalt .................. 7

**Kapitel 1**
Der Sprung in die Finsternis ............ 13

**Kapitel 2**
High sein, frei sein... .................. 23

**Kapitel 3**
Im Untergrund ......................... 41

**Kapitel 4**
Der Kampf geht weiter ................. 61

**Kapitel 5**
Die Offensive .......................... 83

**Kapitel 6**
Aktion »Spindy« ....................... 99

**Kapitel 7**
Sieben Tage im Herbst ................. 117

**Kapitel 8**
Exil und Verrat ........................ 137

Kapitel 9
Die dritte Generation .................... 153

Kapitel 10
Die Mühen der Aufarbeitung ........... 173


Anmerkungen .......................... 191
Quellen und Literatur .................. 201
Personenregister ....................... 210
Bildnachweis .......................... 216

# Vorwort
## Gewalt gebiert Gewalt

Es war ein paar Monate nach dem Ende der DDR, als ich bei Marion Gräfin Dönhoff in ihrem Büro im Hamburger Pressehaus saß. Die Herausgeberin der »Zeit« war damals ehrenamtliche Beirätin des Gefängnisses Fuhlsbüttel. So hatte sie Peter-Jürgen Boock kennengelernt, der in Santa Fu einsaß. Der Mann, der aus der Roten Armee Fraktion (RAF) ausgestiegen war, hatte sie beeindruckt.

Dönhoff hatte sich bei ihrem Freund, dem Bundespräsidenten Richard von Weizsäcker, für die Begnadigung von Boock eingesetzt. Doch dann stellte sich heraus, dass seine Beteuerungen – »An meinen Händen klebt kein Blut« – nicht der Wahrheit entsprachen. Boock hatte gelogen. Kurz vor dem Untergang der DDR waren dort zehn ehemalige Mitglieder der RAF verhaftet worden. Sie sagten aus, Boock habe bei der Entführung von Hanns Martin Schleyer auf dessen vier Begleiter mit geschossen. Er legte ein zweites Geständnis ab.

Die Gräfin saß gut gelaunt hinter ihrem Schreibtisch und schlug ihre himmelblauen Augen auf. »Da hat der Boock uns also alle angelogen«, sagte sie. Sie lächelte nachdenklich und fügte noch hinzu: »Aber vielleicht hätte ich das auch so gemacht, an seiner Stelle. Wer weiß?«

Die RAF hat Menschen in existenzielle Situationen gebracht. »Sieg oder Tod« hieß die Parole ihrer Vorbilder, der Guerilleros in Südamerika. Wer Gewalt ausübt, begibt sich in die

Gefahr, durch Gewalt umzukommen. Ulrike Meinhof und andere in Stuttgart-Stammheim inhaftierte Mitglieder der Roten Armee Fraktion schrieben im Herbst 1974: »Wenn es Beerdigungen geben soll – dann auf beiden Seiten.«[1]

Die Spitze der »Baader-Meinhof-Gruppe« tat das Ihre, um recht zu behalten: Es gab Beerdigungen; und es gab sie auf beiden Seiten. Gewalt gebiert Gewalt. Bald zwanzig Jahre sollte es dauern, bis sich sowohl bei der Terrorgruppe als auch bei der Bundesregierung eine ernsthafte Bereitschaft am Ausstieg aus der Spirale tödlicher politischer Gewalt entwickelt hatte.

Die RAF ermordete innerhalb von 22 Jahren 33 Menschen. Aus ihren eigenen Reihen verloren 21 Mitglieder ihr Leben. Polizisten erschossen auf der Suche nach Terroristen fünf Unbeteiligte, deren Tod heute vergessen ist.[2] Nach der Bilanz von Horst Herold, dem einstigen Präsidenten des Bundeskriminalamtes (BKA), wurden im Krieg der RAF gegen den westdeutschen Staat 230 Menschen verletzt. Der Sachschaden des Feldzuges summierte sich auf 250 Millionen Euro. Um das Leben im Untergrund zu finanzieren, erbeuteten Mitglieder der Terrorgruppe bei mindestens 31 Banküberfällen rund 3,5 Millionen Euro. Die Aufwendungen des Staates für die Terrorbekämpfung lassen sich kaum schätzen; sie betrugen Milliarden von Euro.[3]

Im Rahmen der juristischen Aufarbeitung des Konflikts produzierten Polizisten und Staatsanwälte rund elf Millionen Blatt Ermittlungsakten. Richter verurteilten 517 Angeklagte wegen Mitgliedschaft in einer terroristischen Vereinigung und 914 wegen Unterstützung einer solchen. Doch das heißt nicht, dass alle Morde der RAF aufgeklärt wären. Welches Mitglied der Gruppe, so eine der vielen offenen Fragen, erschoss im April 1977 Generalbundesanwalt Siegfried Buback? Wer ermordete den entführten Arbeitgeberpräsidenten Hanns Martin Schleyer? Wer brachte Alfred Herrhausen um, wer Detlev Karsten Rohwedder? Auch vierzig Jahre nach der ersten Aktion der Gruppe im Mai 1970 ermitteln die obersten Ankläger der Republik gegen einstige Mitglieder der RAF. Aber werden die Bundesanwälte die Wahrheit über die Gruppe und ihre Taten jemals ans Licht bringen können?

Gleichzeitig erscheinen die Jahre, in denen junge Linksradikale an eine weltweite Revolution für Gerechtigkeit und Freiheit glaubten und dem westdeutschen Staat den Krieg erklärten, heute fast so fern und fremd wie der Zweite Weltkrieg. Manche Nachgeborenen sehen Andreas Baader und die Gründer der Gruppe inzwischen als glamouröse, coole Rebellen gegen den globalen Kapitalismus, andere als psychopathische Schwerverbrecher. Es gibt nach wie vor keinen Konsens darüber, warum 25 Jahre nach dem Untergang Nazideutschlands eine Gruppe gebildeter junger Menschen den demokratischen Staat zum faschistischen Monstrum erklärte und ihn mit Gewalt zu beseitigen versuchte.

Dabei ist allerhand geschrieben worden über den »Krieg der 6 gegen 60 Millionen«, wie der Schriftsteller Heinrich Böll den Angriff der RAF nannte. Insgesamt 15 ehemalige deutsche Terroristen haben autobiografische Texte veröffentlicht. Das Leben Ulrike Meinhofs ist in vier Büchern ausgeleuchtet.[4] Die Standardwerke zur Geschichte der RAF haben enzyklopädische Ausmaße angenomen: Stefan Aust schildert die ersten sieben Jahre der Gruppe in vielen Details auf 896 Seiten. Butz Peters erzählt die gesamten 28 Jahre auf 863 Seiten. Willi Winkler braucht dafür auch noch 528 Seiten.

Dieses Buch dagegen ist eine kurze Geschichte der Roten Armee Fraktion. Es ist eine Einführung und Zusammenfassung zugleich, denn mit 220 Seiten kann es keine lückenlose Chronik sein. Erzählt werden die wichtigsten Ereignisse; der Schwerpunkt liegt auf den entscheidenden Akteuren. Nur am Rande geschildert wird die Geschichte der Politiker und Polizisten, die gegen die RAF gekämpft haben. Kaum erzählt wird die Geschichte der Opfer. Der Fokus liegt auf denen, ohne die es den blutigen Konflikt nicht gegeben hätte; auf denen, die ihn begonnen haben und von denen viele in ihm zugrunde gingen.

Mühe habe ich auf die grundlegende Aufgabe der Historiker verwendet, die Fakten zu ermitteln und zu überprüfen. Eine entscheidende Hilfe war mir hierbei Bertolt Hunger, der auf die RAF spezialisierte Dokumentar des SPIEGEL. Die schlichte Klärung der Tatsachen ist umso wichtiger, als die etablierten Chronisten der Bundesrepublik die RAF als unerfreuliche Fußnote sehen und ihr wenig Aufmerksamkeit schenken. So schrieb zum Beispiel der Potsdamer Historiker Manfred Görtemaker in seinem preisgekrönten Standardwerk »Geschichte der Bundesrepublik Deutschland«, die RAF habe das »Konzept des bolivianischen Revolutionärs Carlos Marighella« angewendet – der in Wirklichkeit Brasilianer war – und »im Sommer 1970« mit Anschlägen begonnen – in Wahrheit tat sie das erst zwei Jahre später, im Mai 1972.[5]

Die meisten Bücher über die RAF kranken an der Einseitigkeit ihrer Quellen: Ihre Autoren stützen sich fast ausschließlich auf Dokumente von Polizei und Justiz, die naturgemäß parteiisch und oft fehlerhaft sind. Bei meinen langjährigen Recherchen über die RAF habe ich hingegen versucht, auch mit möglichst vielen ehemaligen Mitgliedern der Gruppe ins Gespräch zu kommen und ihre Sicht der Ereignisse in Erfahrung zu bringen. Dieser Ansatz ist deshalb schwierig und nur bedingt erfolgreich, weil die Mehrzahl der ehemaligen RAF-Mitglieder prinzipiell nicht mit Journalisten oder Wissenschaftlern spricht. Andere gaben gleichwohl in Hintergrundgesprächen Auskunft.

Bemüht habe ich mich um eine akkurate Darstellung der Ereignisse und um eine sachliche Wortwahl. Das moralische Scheitern und die Verworfenheit der Terrorgruppe ist so offensichtlich, dass sie nicht mehr betont werden müssen. »Die dauernd wiederholte rein moralische Empörung über die Verbrechen ist ebenso selbstverständlich wie irrelevant«, schrieb Carolin Emcke, Patenkind des von der RAF ermordeten Bankiers Alfred Herrhausen. »Empörung allein fördert weder Wissen noch Verstehen.«[6]

Dieses Buch soll sowohl einen Überblick geben als auch Einblicke in die Entwicklung der drei Generationen der Gruppe gewähren. Es verbindet neue Erkenntnisse über die RAF mit dem Versuch, alte Fragen zu beantworten. Es ist für Experten und Neulinge des Themas gleichermaßen geschrieben. Sein Thema ist ein politisches Phänomen, bei dessen Geburt vor vierzig Jahren eine der bekanntesten Journalistinnen der Bundesrepublik ankündigte: »Und natürlich kann geschossen werden!«[7]

*Berlin, im Februar 2010*

Kapitel 1
Der Sprung in die Finsternis

Die Pflastersteine in der Miquelstraße haben an den Rändern Moos angesetzt. Hinter einer Tanne und Birken versteckt liegt eine geräumige Villa mit weißen Sprossenfenstern und grünen Fensterläden. Nichts deutet im noblen Südwesten Berlins darauf hin, dass Geschichte geschrieben wurde in dem Haus mit dem spitzen Giebel und der Nummer 83. Doch hier nahm am Vormittag des 14. Mai 1970 der dramatischste Konflikt der westdeutschen Gesellschaft seinen Anfang.

Zeugen historischer Ereignisse erinnern sich oft an das Wetter. Hans Joachim Schneider, Mitarbeiter des »Deutschen Zentralinstituts für soziale Fragen« hielt später fest: »Es war ein besonders schöner, warmer Frühlingstag. Die Sonne strahlte von einem wolkenlosen Himmel. Die Vögel zwitscherten, und in dem großen Garten blühten die ersten Blumen.« Der »blasse junge Mann« im Lesesaal der Bibliothek, schrieb Schneider, sah »sehr harmlos« aus. Er war hinter einem hohen Stapel von Büchern versteckt. »Er rauchte, während er sich ab und zu Notizen machte, etwas hektisch eine Zigarette nach der anderen.«[1]

Bei dem blassen Mann handelte es sich um den 27 Jahre alten Strafgefangenen Andreas Baader. Er verbüßte eine dreijährige Haftstrafe wegen »menschengefährdender Brandstiftung«. Am selben Tisch saß, ebenfalls heftig rauchend, die Journalistin Ulrike Meinhof. Mit ihr arbeitete Baader angeblich an einem Buch über »randständige Jugendliche«.

Zum Recherchieren in der Bibliothek hatte der Leiter der Haftanstalt Berlin-Tegel eine Ausführung genehmigt. Baaders Anwalt Horst Mahler hatte den Anstaltsleiter bedrängt; der Verleger Klaus Wagenbach hatte einen Autorenvertrag aufgesetzt. Nun saßen zwei bewaffnete Wachtmeister, die Baader begleiteten, im Lesesaal. »In leicht scherzendem Ton« fragte der Institutsangestellte Schneider die beiden uniformierten Beamten, »ob sie sich nicht langweilten«. Sie stimmten »nachdrücklich und lachend zu«. Auch Baader lachte.

Den beiden Wachtmeistern soll das Lachen bald gründlich vergehen. Im Vorraum des Instituts warten die Medizinstudentin Ingrid Schubert und die Schülerin Irene Goergens. Gegen elf Uhr öffnen sie die Tür für Baaders Gefährtin Gudrun Ensslin und einen Mann. Die Neuankömmlinge sind maskiert und haben Pistolen in den Händen. Jetzt ziehen auch Schubert und Goergens ihre Handfeuerwaffen. Als sie in Richtung Lesesaal stürmen, stellt sich ihnen der Institutsangestellte Georg Linke in den Weg. Der maskierte Mann drückt eine Pistole ab und trifft ihn in Oberarm und Leber.

Als das bewaffnete Quartett in den Lesesaal eindringt, schreit eine der Frauen: »Hände hoch, Überfall!« Es kommt zu einem wilden Kampf. Einer der beiden Wachtmeister schafft es, seine Dienstwaffe durchzuladen. Von einem Schuss aus einer Tränengaspistole geblendet, schießt er zweimal daneben.

Im Kampfesgetümmel sind Baader und Meinhof aus dem Fenster gesprungen, obwohl Meinhof, so war es geplant, auf jeden Fall im Lesesaal sitzen bleiben sollte. Sie sollte so tun, als sei auch sie von der Flucht Baaders überrascht worden. Doch stattdessen laufen die beiden durch die Gärten zu einer Parallelstraße, wo die Freundin des Anwalts Horst Mahler in einem Mercedes wartet. Kurz darauf springt auch das Befreiungskommando in einen Alfa Romeo. Berlin hat die erste Aktion der Gruppe erlebt, die sich bald »Rote Armee Fraktion« nennen wird. Aber niemand ahnt an diesem schönen Tag im Mai, dass die RAF die Bundesrepublik an den Rand des Staatsnotstandes bringen würde.

Heute wissen wir: Ulrike Meinhofs Sprung aus dem Fenster in der Miquelstraße war der Sprung in die Finsternis der RAF. Nach zwei Jahren im Untergrund und vier Jahren im Gefängnis erhängte sie sich im Mai 1976 in ihrer Zelle im Hochsicherheitstrakt von Stuttgart-Stammheim.

Ulrike Meinhof als junge Journalistin in der »Konkret«-Redaktion, um 1965.

»Eine enorme symbolische Relevanz« hat die Historikerin Dorothea Hauser der RAF bescheinigt. Sie führt die nachhaltige Wirkungsmacht der Terrorgruppe darauf zurück, dass diese »die legitimatorischen Grundlagen« von Staat und Gesellschaft berührte.² Auf jeden Fall stellte die RAF mit einer in Deutschland seit dem Aufstieg der Nationalsozialisten nicht gekannten Radikalität die westdeutsche Republik und ihr Wirtschaftssystem in Frage. Was den militärischen Angriff besonders unheimlich machte: Die Gründer der Gruppe waren keine unterdrückten Arbeiter, sondern Töchter und Söhne von Akademikern aus der Mitte der Gesellschaft. Es handelte sich bei den meisten nicht um Rebellen aus der deklassierten Unterschicht, sondern um im Wohlstand aufgewachsene Studenten. Susanne Albrecht zum Beispiel war die Tochter eines Hamburger CDU-Politikers und erfolgreichen Anwalts. Doch sie schämte sich für ihre privilegierte Herkunft. Deshalb verriet sie ihre Klasse, sympathisierte mit der RAF und brachte schließlich dem besten Freund ihres Vaters, dem Bankier Jürgen Ponto, seine Mörder ins Haus.

In der von willensstarken Frauen dominierten RAF spitzte sich eine Auseinandersetzung im westdeutschen Bürgertum zu. Dabei handelte es sich, so der Soziologe Norbert Elias, nicht um die Auseinandersetzung in der einzelnen Familie, sondern um einen »sozialen Generationskonflikt«, der in den 1960er Jahren die gesamte Mittelschicht ergriff.³

Über eine soziale Basis für ihren Krieg verfügte die RAF nicht. Es gab noch keine Massenarbeitslosigkeit, und der Kapitalismus blühte in seiner sozialen Variante. Die westdeutsche Gesellschaft liberalisierte sich deutlich, nachdem Willy Brandt im Oktober 1969 zum Bundeskanzler gewählt worden war. Dennoch machten junge Menschen einen »Neuen Faschismus« aus und griffen zur Gewalt. »Menschengruppen revoltieren gegen das, was sie als Unterdrückung empfinden«, schrieb Norbert Elias, »nicht

Bundeskanzler Willy Brandt und BKA-Chef Horst Herold mit RAF-Bombe, 1972.

dann, wenn die Unterdrückung am stärksten ist, sondern gerade dann, wenn sie schwächer wird.« Die RAF war, so gesehen, ein Luxusphänomen.

Die Terroristen überschätzten sich maßlos. Im Untergrund und in Hochsicherheitstrakten wie eine Sekte von der Gesellschaft isoliert, hielten sie sich zumindest für die wichtigste Gruppe der Linken. »Sie fühlten sich«, so einer ihrer ehemaligen Anwälte, »stets auf Augenhöhe mit Kanzler Helmut Schmidt.« Sie sahen sich in der Tat als gleichberechtigte Partei in dem Krieg, den sie vom Zaun gebrochen hatten. Dabei wussten sie, dass die große Mehrheit der Bürger ihren Feldzug nicht mittrug. Theoretisch stützten sie sich in der Tradition von Marx und Lenin auf das Proletariat, praktisch verachteten sie die Massen als korrumpierte Konsumidioten. Ihre Communiqués – der Ton »militärisch knapp, die Terminologie phrasenhaft, der Satzbau bürokratisch«, so Hans Magnus Enzensberger – ließen ahnen, wogegen sie kämpften. Wofür sie aber kämpften, welche Gesellschaftsordnung sie mit Gewalt durchsetzen wollten, das erklärten sie nicht. Sie wussten es selbst nicht genau.

Der angeblich faschistische Staat, seine kapitalistische Wirtschaft und die westliche Welt unter der Führung der USA verschmolzen für die RAF-Mitglieder zu einem mörderischen modernen Leviathan; zum »Schweinesystem«. Die Terroristen sahen ihre Feinde nicht mehr als Menschen an. Ab 1977 kalkulierten sie kaltherzig Morde an den Fahrern und Begleitern von Politikern und Wirtschaftsführern bei ihren Anschlagsplänen ein. »Das Ziel stand über den Mitteln«, hat Susanne Albrecht den moralischen Bankrott der Gruppe umschrieben. Sie mussten schon deshalb scheitern, weil sie mit unmenschlichen Mitteln eine menschlichere Gesellschaft erzwingen wollten. Die Mitglieder der RAF haben sich angemaßt, eine angeblich höhere Moral mit militärischen Mitteln zu vollstrecken. Sie unternahmen diesen Versuch gegen die Logik der Geschichte und gegen das Volk, auf das sie sich beriefen. Je isolierter und verhasster sie waren, umso mehr mutierten sie zu einer Killertruppe mit Genickschusstaktik.

Seine Klimax erreichte der Privatkrieg der RAF in den 44 Tagen der Entführung des Arbeitgeberpräsidenten Hanns Martin Schleyer im Herbst 1977, die heute wie ein Alptraum anmuten. Eine nicht mehr als zwanzig junge Frauen und Männer starke, aber zu allem entschlossene Gruppe wollte der Regierung ihren Willen aufzwingen und brachte die Bundesrepublik an den Rand des Staatsnotstandes. Die RAF wurde zwar nicht für die Demokratie zur tödlichen Gefahr, aber für ihre führenden Vertreter. Die Steckbriefe mit den Bildern gesuchter Terroristen brannten sich in die kollektive Erinnerung der Westdeutschen ein, ebenso wie die düsteren Schwarz-Weiß-Fotos von zerschossenen oder von Bomben zerfetzten Limousinen. Sie sind die schwarzen Flecken auf der Erfolgsgeschichte der Bundsrepublik.

Am Tag, an dem alles anfing mit der RAF, am 14. Mai 1970, hatte die Schauspielerin Barbara Morawiecz, die in der Nähe des Zentralinstituts wohnte, einen Zettel ihrer Freundin Ulrike Meinhof an der Türe gefunden: »Wir kommen zum Frühstück, Anna.« Morawiecz hatte gerade den Kaffee gekocht, als neben Meinhof auch Baader, Ensslin, Goergens und der unglückselige Schütze die Treppe heraufkamen. Während Polizisten mit Schäferhunden auf der Suche nach Baader und seinen Konsorten durch die Vorgärten hetzten, nahmen die ein zweites Frühstück.[4]

Morawiecz – als Schauspielerin mit dem Verkleiden vertraut – schnitt Baader die Haare. Auch den anderen half sie, ihr Äußeres zu verändern, bevor sie sie aus der Wohnung komplimentierte. Ulrike Meinhof hatte ihre Handtasche im Institut liegen lassen und hatte nun keinen Pfennig mehr. Ihre Freundin, die oft ihre Kinder betreute, musste für sie erst Geld bei der Bank abheben. Damit konnte die schusselige Journalistin sich einen Fahrschein für den Bus kaufen. Wieder zu Hause, verbrannte Morawiecz im Kachelofen die Papiere der Überraschungsgäste, darunter den Pass von Meinhof. Als Horst Mahler und Gudrun Ensslin am nächsten Abend vorbeikamen, um die Hinterlassenschaften abzuholen, mussten sie mit leeren Händen wieder abziehen.

Ulrike Meinhof war einen Tag lang verschwunden. Als sie wieder zur Gruppe stieß, trug sie eine blonde Perücke und wirkte verstört. An den Litfaßsäulen prangten Fahndungsplakate mit großen Fotos von ihr: »Mordversuch in Berlin, 10 000 DM Belohnung.« Die Journalistin sah keinen Weg zurück ins bürgerliche Leben. Ein ehemaliger RAF-Mann erinnert sich: »Wir waren irre sauer auf Ulrike.« Die prominente Journalistin musste jetzt versteckt werden, doch es gab noch keine konspirativen Wohnungen. Zudem galt es, Meinhofs Kinder zu versorgen. Sie selbst litt sehr darunter, dass sie die sieben Jahre alten Zwillingstöchter nicht mehr sehen konnte.

Ein paar Tage nach der Aktion suchten zwei Abgesandte der Gruppe die Redaktion des Berliner Anarchistenblattes »Agit 883« in Kreuzberg auf. Manfred Grashof und Petra Schelm hatten einen von Ulrike Meinhof verfassten Text dabei, doch dessen Abdruck lehnten die Redakteure zunächst ab, allen voran Dirk Schneider, später Bundestagsabgeordneter der Grünen und bezahlter Stasi-Spitzel. Nach langer, zäher Diskussion sagten die »883«-Macher doch zu, die erste Erklärung der Gruppe zu dokumentieren. »Die Baader-Befreiungs-Aktion«, hieß es darin, »haben wir nicht den intellektuellen Schwätzern, den Hosenscheißern den Alles-besser-Wissern zu erklären, sondern den potentiell revolutionären Teilen des Volkes.« Der Text endete mit dem Aufruf: »Die Klassenkämpfe entfalten! Das Proletariat organisieren! Mit dem bewaffneten Widerstand beginnen! Die Rote Armee aufbauen!«[5]

Die linke Szene in der Bundesrepublik und West-Berlin war von der Aktion nicht angetan. Einen Menschen anzuschießen und lebensgefährlich zu verletzen, das stand für die meisten in keinem Verhältnis zur Befreiung des wenig bekannten Baader. Doch die RAF hatte ihr Leitmotiv der nächsten sieben Jahre gefunden: Bis zum Herbst 1977 sollte es ein ums andere Mal darum gehen, Andreas Baader aus dem Gefängnis zu holen.

Die Fixierung und der Hass der RAF auf die Staatsgewalt waren auch schon in der ersten Aktion angelegt. Auf einem von Ulrike Meinhof besprochenen Tonband ließ sich hören: »Wir sagen, natürlich, die Bullen sind Schweine, wir sagen, der Typ in Uniform ist ein Schwein, das ist kein Mensch, und so haben wir uns mit ihm auseinanderzusetzen. Das heißt, wir haben nicht mit ihm zu reden, und es ist falsch, mit diesen Leuten zu reden, und natürlich kann geschossen werden.«[6]

Der brutale Jargon von Ulrike Meinhof kam nicht von ungefähr: Die Schüsse in der Miquelstraße waren nicht die ersten gewesen in dem eskalierenden Konflikt zwischen Linksradikalen und der Staatsgewalt. Den ersten tödlichen Schuss hatte knapp drei Jahre zuvor ein West-Berliner Polizeibeamter und Agent der DDR-Staatssicherheit abgefeuert.

# Kapitel 2
# High sein, frei sein ...

Die Stimmung schwankte zwischen Wut und Verzweiflung. Am Abend des 2. Juni 1967 hatten sich im Zentrum des Sozialistischen Deutschen Studentenbundes (SDS) am Kurfürstendamm Dutzende junger West-Berliner versammelt. Unter den Studenten, die über die dramatischen Ereignisse des Tages sprachen, war auch eine 26 Jahre alte Doktorandin der Germanistik. »Mit denen kann man nicht diskutieren«, rief Gudrun Ensslin mit kreidebleichem Gesicht in die Runde. »Das ist die Generation von Auschwitz! Sie werden uns alle ermorden!«[1]

Die schwäbische Pfarrerstochter schlug vor, eine Polizeikaserne zu stürmen, um sich zu bewaffnen. Wie ein »Todesengel« erschien sie einem besonnenen Studenten. Sie alle hatten zuvor miterlebt, wie Polizisten Dutzende von Demonstranten blutig schlugen, die vor der Deutschen Oper gegen den iranischen Diktator Schah Mohammed Resa Pahlewi protestierten.

Ensslins militante Idee stieß auf Ablehnung, doch ihr Wort von der »Generation von Auschwitz« hallte nach. Immer wieder stießen die Studenten auf Verbindungslinien zwischen Nazideutschland und der Bundesrepublik. So fanden sie heraus, dass die Planung für den brutalen Polizeieinsatz am Abend des 2. Juni 1967 dem Kommandeur der West-Berliner Schutzpolizei Hans-Ulrich Werner unterlag. Das vormalige NSDAP-Mitglied hatte sein Handwerk im Zweiten Weltkrieg bei der »Bandenbekämpfung« in der Ukraine und in Italien gelernt. Der Reichsführer SS Heinrich Himmler hatte ihn für seinen Beitrag zum Holocaust mit dem Eisernen Kreuz ausgezeichnet.²

Die RAF ist ein sehr deutsches Phänomen. In den 1970er Jahren formierten sich in vielen westlichen Industrieländern nach dem Zerfall der Jugend- und Studentenbewegungen terroristische Gruppen. »Aber in Westdeutschland«, stellt die englische Autorin Jillian Becker fest, »wurde die Bewegung vor allem eine gewalttätige Gegenreaktion gegen den totalitären Staat der vorangegangenen Generation.« Becker gab ihrem Buch über die »Baader-Meinhof gang« deshalb den Titel: »Hitler's Children«.³

Niemand konnte am 2. Juni 1967 voraussehen, dass an diesem Tag in West-Berlin eine Eskalation begann, die einen 23 Jahre währenden Krieg der RAF gegen den Staat hervorbringen würde; einen Feldzug, der über fünfzig Menschen das Leben kosten sollte. Erst viel später fanden Wissenschaftler heraus, dass die meisten, die sich der RAF anschlossen, zuvor bei Demonstrationen von Polizisten zusammengeschlagen worden waren.

»Vier bis fünf Polizisten verprügelten mich«, gab ein Soziologiestudent über seine Erfahrungen am Abend des 2. Juni 1967 zu Protokoll. Er war aus einer »Gruppe, die völlig von Polizei umstellt war, durch Spießrutenlaufen entkommen«. Der spätere RAF-Mann Jan-Carl Raspe versuchte, einem Opfer der Polizeigewalt zu helfen: »Wir trugen den Verletzten, der bewusstlos war, durch die Absperrketten über die Bismarckstraße zu mehreren Sanitätswagen, bis wir einen fanden, der leer war.«⁴

»Die Bullen rannten auf uns zu wie die Wahnsinnigen«, erinnert sich Bommi Baumann. »Sie haben gleich losgeknüppelt, auf Frauen, auf alte Leute, immer sofort auf die Köpfe. Und dann wurden zum ersten Mal auf die Bullen Steine geschmissen.« Baumann zählte 1972 zu den Gründern der mit der RAF konkurrierenden Berliner Stadtguerilla-Truppe Bewegung 2. Juni.[5]

Als die Demonstranten flüchteten, lief ein Kommilitone Gudrun Ensslins, der Germanistikstudent Benno Ohnesorg, 26 Jahre alt, auf einen überdachten Parkplatz unweit der Oper. Seine schwangere Frau hatte es vorgezogen, nach Hause zu gehen. Auf denselben Parkplatz in der Krummen Straße eilte auch der Kriminalobermeister Karl-Heinz Kurras von der Politischen Polizei. Der Sportschütze und Waffenfetischist spionierte seit zwölf Jahren gegen ordentlichen Agentenlohn für das Ministerium für Staatssicherheit der DDR. Kurras, so stellte sich erst im Frühjahr 2009 heraus, war einer der wichtigsten Stasi-Maulwürfe bei der West-Berliner Polizei. Unter welchen Umständen er mit seiner Dienstpistole auf Ohnesorg einen tödlichen Kopfschuss abgab, wurde nie vollständig aufgeklärt.

Hatte Kurras den Studenten etwa im Auftrag der Stasi erschossen? Dafür gibt es keinerlei Indizien oder gar Beweise. Der Richter in dem Prozess gegen Kurras hielt es dagegen für wahrscheinlich, dass Ohnesorg tödlich getroffen wurde, als Polizisten ihn gerade verprügelten. Jedenfalls hörten Zeugen, wie ein Kollege Kurras anherrschte: »Bist du wahnsinnig, hier zu schießen!« – und Kurras darauf antwortete: »Die ist mir losgegangen.«[6]

Am Morgen nach dem Todesschuss an der Oper trat auch ein weiterer Akteur in Aktion, den Ex-Innenminister Gerhart Baum »entscheidend für die Eskalation zum Terrorismus« nennt: Der Axel-Springer-Verlag, der gut zwei Drittel der Tagespresse in West-Berlin kontrollierte. »Wer Terror produziert«, kommentierte die »B.Z.« in grotesker Verkehrung des Geschehens, »muss Härte in Kauf nehmen.« Die »Bild«-Zeitung geißelte »SA-Methoden« der Studenten. Der erschossene Ohnesorg, so Springers Massenblatt, sei »nicht der Märtyrer der FU-Chinesen, sondern ihr Opfer«.

Studentin Friederike Dollinger mit sterbendem Kommilitonen Benno Ohnesorg, Berlin 2. Juni 1967.

Fritz Teufel von der Kommune 1, den Polizisten vor der Oper brutal zusammengeschlagen hatten, wurde des schweren Landfriedensbruchs beschuldigt und über zwei Monate in Untersuchungshaft gehalten. Der Todesschütze Kurras musste hingegen keinen einzigen Tag hinter Gittern darben. Er wurde wegen »fahrlässiger Tötung« angeklagt, aber zweimal freigesprochen, weil ihm die Richter »putative Notwehr« zugutehielten. Sie konnten die Aussage von Kurras nicht widerlegen, nach der er behauptete, Demonstranten hätten ihn mit einem Messer angegriffen. »Mein Glaube an die Rechtsstaatlichkeit, an die Unabhängigkeit des Gerichts«, so erinnerte sich später Otto Schily, der an der Oper mit demonstriert hatte, »der ging damals ziemlich den Bach runter.«[7]

Die Stasi-Offiziere hielten es für unvermeidlich, sich von ihrem nun in der Öffentlichkeit exponierten Spion Kurras

Kriminalbeamter und Stasi-Spitzel Karl-Heinz Kurras auf dem Schießplatz, um 1965.

zu trennen. Nachdem die West-Berliner Kripo ihn vom Staatsschutz in eine Abteilung versetzt hatte, in der er nach gestohlenen Autos fahndete, blieb er bis zur Pensionierung Polizeibeamter.

Das Foto vom 2. Juni 1967, das zur Ikone wurde, zeigt die Studentin Friederike Dollinger, wie sie neben dem tödlich verwundeten Ohnesorg kauert. »Ich dachte, ich schau dem Faschismus ins Gesicht«, resümierte sie später dieses Erlebnis. Und das habe sie »in eine mir eigentlich fremde Radikalität« getrieben. »Der Sound dieser Jahre«, sagt der Berliner Verleger Klaus Wagenbach, »war die Wut auf den Staat.«

Der Schuss auf Benno Ohnesorg war ein Schuss in viele Köpfe. Er war die Initialzündung für die Studentenbewegung, die das Ende des besinnungslosen Aufbaus der westdeutschen Republik aus den Trümmern Nazideutschlands markierte. Gleichzeitig begann am 2. Juni 1967 die Eskalation zwischen Studenten und der Staatsgewalt, die den Alptraum des Terrorismus hervorbrachte.

Kurz nach dem Tod Ohnesorgs traf sich Gudrun Ensslin mit Gleichgesinnten, um eine Aktion gegen den Regierenden Bürgermeister Heinrich Albertz zu planen, der für den Polizeieinsatz am 2. Juni 1967 politisch verantwortlich war. Sie bemalten weiße T-Shirts mit einzelnen Buchstaben. Zusammengesetzt ergab das vorne ALBERTZ! hinten ABTRETEN. Ensslin trug das Hemd mit dem Ausrufungszeichen; Bilder der Aktion auf dem Kurfürstendamm wurden auch von der »Tagesschau« ausgestrahlt.

Doch was wesentlich wichtiger war: Bei einem Treffen dieser »Buchstabenballett«-Aktivisten lernte Ensslin einen Mann kennen, der sich bislang vorwiegend in Künstlerkneipen und Schwulenbars herumgetrieben hatte. Er war vier Jahre zuvor aus München in die Mauerstadt gekommen, war aber am 2. Juni nicht in Berlin gewesen, weil er in Bayern eine Haftstrafe wegen Fahrens ohne Führerschein absitzen musste. Er hieß Andreas Baader. Obwohl beide in festen Beziehungen lebten und jeweils kleine Kinder hatten, knisterte es sofort zwischen ihnen.[8]

Ensslin, das vierte von sieben Kindern eines protestantischen Pfarrers von der Schwäbischen Alb, war 1964 nach West-Berlin gekommen. Ein Jahr später arbeitete sie für eine von Günter Grass gegründete Initiative zur Unterstützung des Wahlkampfes der SPD. Als die Sozialdemokraten sich aber im November 1966 mit der CDU auf die Große Koalition unter Führung des ehemaligen NSDAP-Parteigenossen Kurt Georg Kiesinger einließen, wandte die Studentin sich von der SPD ab.

Ensslin war eine hochkarätige Intellektuelle. Wenn sie eine Sache für richtig erkannt hatte, setzte sie sich bedingungslos für sie ein. Eine Gefängnisdirektorin bewunderte sie, »weil sie so absolut ist, notfalls mit dem Leben für ihre Überzeugung eintritt«. Ein Gerichtspsychiater attestierte ihr »eine heroische Ungeduld«.

Baader war drei Jahre jünger als Ensslin, dunkelhaarig, körperlich präsent und ebenso unverschämt wie charmant. Da sein Vater, ein promovierter Historiker, kurz nach Kriegsende umgekommen war, wuchs er bei der Mutter und Großmutter auf, die ihn vergötterten. Er motzte und provozierte unentwegt. Baader war direkt und vulgär und konnte sich stundenlang in Monologen ergehen. Klaus Wagenbach erinnerte er an »einen kleinen Luden«; die meisten Männer konnten ihn schwer ertragen. »Doch bei Frauen«, so ein ehemaliger RAF-Mann, »hatte er einen Stich.«

Baader ging nicht arbeiten, hatte nie Geld und ließ sich aushalten. Statt Bus fuhr er Taxi. Um sich wichtig zu machen, erzählte er gerne Lügengeschichten, etwa, dass er mit 16 als Hochbegabter das Abitur gemacht habe. Der Künstlerin, mit der er zusammenlebte, bevor er Gudrun Ensslin traf, prophezeite er: »Eines Tages wirst du mich auf dem Cover des SPIEGEL sehen.«

»Gudrun und Andreas«, erinnert sich deren einstige Freundin Astrid Proll, »ergänzten sich genial.« Die beiden waren ein Paar, das Himmel und Hölle in Bewegung setzen konnte; sie bildeten später die Doppelspitze der RAF. Sie trafen sich mit Künstlern in einer Kneipe namens »S-Bahn-Quelle« und tanzten zu Rock'n'Roll aus der Musicbox. Ensslin blühte auf an der Seite von Baader.

Die dramatischen Ereignisse des 2. Juni 1967 hatten auch Bohemiens wie Baader politisiert. Er suchte Kontakt zur Kommune 1, war beständig in Bewegung. Astrid Proll, deren älterer Bruder Thorwald sich mit Baader angefreundet hatte, fuhr die beiden und deren Freunde nachts durch West-Berlin. Sie brüllten aus dem Fenster: »Wir schlagen alles kaputt, wir schlagen alles kaputt!«

Nach einer der vielen Demonstrationen murrte Baader: »Jetzt laufen wir hier durch die Gegend, und das war es dann. Das bringt doch nichts. So ändert sich nie etwas.« Er war der Protagonist der revolutionären Ungeduld und drängte auf radikale Aktionen. Einmal schlug er vor, den Turm der Kaiser-Wilhelm-Gedächtniskirche in die Luft zu sprengen.

Die Idee und der Mythos, der Studenten, aber auch Schüler und Lehrlinge faszinierte, hieß Revolution. Sie bewunderten Ché Guevara, den selbstlosen Guerillero, der gefordert hatte: »Schafft ein, zwei, drei, viele Vietnams.« Und sie bewunderten Mao Zedong, dessen Rote Garden in der chinesischen Kulturrevolution alles Alte bedenkenlos abräumten. Die Radikalität der Rotgardisten in China passte gut zum Misstrauen der jungen Deutschen gegen die eigenen Eltern, die über die Nazijahre schwiegen.

Zu diesem bedrückenden Schweigen darüber, wie es zum Holocaust kommen konnte, was die ältere Generation in der NS-Zeit und im Krieg getan hatte, kam der kleinbürgerliche Muff der Adenauerjahre. Die Eltern standen unter Generalverdacht. »Trau keinem über dreißig«, hieß die Parole. Der Verfassungsschützer Hans Josef Horchem stellte seiner Studie über »Terrorismus in Deutschland« ein Zitat von Hermann Hesse aus dessen Roman »Steppenwolf« voran. »Es gibt nun Zeiten, wo eine ganze Generation so zwischen zwei Zeiten, zwischen zwei Lebensstile hineingerät, dass ihr jede Selbstverständlichkeit, jede Sitte, jede Geborgenheit und Unschuld verloren geht.«[9]

Im Sommer 1968 waren nach einer Umfrage mehr als die Hälfte der Studenten zum Demonstrieren auf die Straße gegangen. Nahezu zwei Drittel alle Studenten und Gymnasiasten im Alter von 17 bis 25 standen dem Parteiensystem misstrauisch gegenüber; ein Drittel hing marxistischem Gedankengut an.[10] Zutiefst erschüttert wurden die Rebellen der westlichen Welt von den Bildern aus Vietnam. Der

Vietnamesische Kinder nach einem Napalm-Angriff der mit der U.S. Army kämpfenden südvietnamesischen Luftwaffe.

Saigoner Polizeichef, der auf offener Straße einen Vietcong mittels Kopfschuss liquidiert; das nackte, von Napalm verbrannte schreiende Mädchen; diese Bilder hatten eine Schockwirkung, die angesichts der heutigen Bildinflation des Internets nicht mehr nachvollziehbar ist. Über das Foto des vietnamesischen Mädchens sagte Birgit Hogefeld aus der dritten Generation der RAF: »Dieses Bild war für mich eine einzige Aufforderung und Verpflichtung zu handeln und den Verbrechen nicht zuzuschauen.«[11]

Dass die USA, die Supermacht der westlichen Welt, im Namen der Freiheit Hunderttausende vietnamesische Zivilisten auslöschte, war für die Jugend der 1960er Jahre in San Francisco, Paris oder Berlin unerträglich. Die »Kinder von Marx und Coca Cola«, wie die jungen Dissidenten genannt wurden, sympathisierten mit dem David aus dem Dschungel, dem Vietcong, der dem waffenstarrenden amerikanischen Goliath die Stirn bot.

Als sich im Februar 1968 die radikale Linke in Berlin zum Vietnamkongress versammelte, waren nicht nur Baader und Ensslin dabei, sondern die meisten, die später mit ihnen in den Untergrund gingen, um eine Heimatfront des Krieges in Südostasien zu eröffnen. »Ohne den Vietnamkrieg«, sagte der RAF-Mann Klaus Jünschke später, »hätte es uns nicht gegeben.«

Ende März 1968 brachen Andreas Baader, Gudrun Ensslin und Thorwald Proll mit einem weißen Straßenkreuzer, einem Ford Fairlaine, nach München auf, wo sich ihnen der Schauspieler Horst Söhnlein anschloss. Nachts in den Kneipen fabulierten sie davon, ein Fanal zu setzen. Das taten sie bald in Frankfurt.

Kurz vor Ladenschluss deponierten sie im dortigen Kaufhaus Schneider und im Kaufhof jeweils zwei Brandsätze. Warenhäuser waren für sie Symbole der Konsumgesellschaft. Kurz vor Mitternacht brach das erste Feuer aus. Der vor allem durch das Löschwasser verursachte Schaden betrug laut Versicherung 673 204 Mark. Menschen wurden nicht verletzt. Schon zwei Tage später verhaftete die Polizei das Quartett. Der Freund der Frau, bei der sie übernachteten, hatte sie offenbar bei der Polizei angezeigt.

Während die Brandstifter in Untersuchungshaft saßen, sorgte ein Rechtsextremist für die weitere Radikalisierung der jungen Linken. Am 11. April 1968 fuhr der Hilfsarbeiter Josef Bachmann von München nach West-Berlin. Er suchte Rudi Dutschke, den charismatischen Kopf der Bewegung, und traf ihn auf dem Kurfürstendamm vor dem SDS-Zentrum. »Du dreckiges Kommunistenschwein«, rief Bachmann, bevor er dreimal auf Dutschke schoss. In Ost-Berlin dichtete Wolf Biermann daraufhin ein Lied mit dem Titel »Drei Kugeln auf Rudi Dutschke, ein blutiges Attentat«. Darin heißt es: »Die Kugel Nummer Eins kam aus

Springers Zeitungswald.« Das Fazit der bitteren Moritat des späteren Chef-Kulturkorrespondenten des Springer-Blattes »Welt«: »Wenn wir uns jetzt nicht wehren, wirst du der Nächste sein.«
Am Abend des Mordanschlags, den Dutschke nur knapp überlebte, zogen über tausend Demonstranten zum Springer-Hochhaus in der Kochstraße – die dort heute Rudi-Dutschke-Straße heißt. Mit dabei war auch die Hamburger Journalistin Ulrike Meinhof, Kolumnistin des linken Monatsmagazins »Konkret«. Sie ließ sich dazu überreden, ihr Auto für eine Barrikade zur Verfügung zu stellen. Rund 20 000 Polizisten wurden in der gesamten Republik aufgeboten, um die »Osterunruhen« niederzuschlagen. In 27 Städten versuchten wütende Demonstranten, die Auslieferung der Springer-Zeitungen zu verhindern. Es kam zu den schwersten Straßenschlachten seit der Gründung der Bundesrepublik. Gegen 827 Demonstranten wurden Ermittlungsverfahren eingeleitet.[12] In München kamen unter bis heute nicht geklärten Umständen bei einer Demonstration beim Redaktionssitz und der Druckerei des Springer-Verlags ein Student und ein Fotograf durch Steinwürfe ums Leben.

Im Oktober 1969 eröffnete das Landgericht Frankfurt die Hauptverhandlung gegen die vier Kaufhausbrandstifter. Als Verteidiger reisten zwei brillante junge Anwälte aus Berlin an. Horst Mahler, der mit Christian Ströbele und Klaus Eschen das »Erste Sozialistische Anwaltskollektiv« begründet und schon etliche Studenten und Kommunarden verteidigt hatte, und Otto Schily.
Der Prozess war noch nicht von der bitteren Konfrontation geprägt, die später die Verhandlungen gegen RAF-Mitglieder bestimmen sollte. Zwei der Brandstifter traten in Häftlingskleidung an und steckten sich auf der Anklagebank dicke Zigarren an, eine Hommage an den Havannas rauchenden Ché Guevara. Sie inszenierten ein

Happening. Der Schriftsteller und vormalige Gefährte von Gudrun Ensslin, Bernward Vesper, überreichte ihr vor seiner Zeugenaussage eine rote Rose. Der gerade aus Frankreich ausgewiesene Dany Cohn-Bendit hielt von den Zuschauerbänken aus ungefragt eine Rede und wurde in Ordnungshaft genommen.

Am Rande des Prozesses lernte Gudrun Ensslin Ulrike Meinhof kennen. Die Journalistin besuchte die Brandstifterin im Gefängnis und war sofort fasziniert von ihr. Sie weigerte sich allerdings, über ihre Gespräche mit Ensslin und Baader zu schreiben. »Wenn ich das tue«, sagt sie, »kommen die nie aus dem Gefängnis.« Gudrun Ensslin schrieb ihrem ehemaligen Lebensgefährten Bernward Vesper: »Was

Studentin Brigitte Mohnhaupt in Münchner Kommune, um 1970.

dem europäischen Kampf um den Sozialismus seit 100 Jahren fehlt, ist doch das ›wahnsinnige‹ Element.«[13]

Vor Gericht erklärt Ensslin, sie hätten keine Menschen gefährden wollen. »Wir taten es«, sagt sie, »aus Protest gegen die Gleichgültigkeit, mit der die Menschen dem Völkermord in Vietnam zusehen.« Und: »Ich interessiere mich nicht für ein paar verbrannte Schaumstoffmatratzen, ich rede von verbrannten Kindern in Vietnam.«[14] Schließlich verkündet sie noch, ganz im Geiste Martin Luthers: »Wir haben gelernt, dass Reden ohne Handeln Unrecht ist.« Andreas Baader zitierte den Philosophen Herbert Marcuse, »dass es für unterdrückte und überwältigte Minderheiten ein ›Naturrecht‹ auf Widerstand gibt«.[15] Das Gericht allerdings billigte den Angeklagten nicht das Recht zu, aus Protest gegen einen Krieg in Südostasien in Frankfurt Kaufhäuser anzuzünden. Ende Oktober 1968 verurteilte es die vier wegen »menschengefährdender Brandstiftung« zu drei Jahren Zuchthaus.

In dem Urteil findet sich der vorausschauende Satz: »Die Vorstellung, vom Boden der Bundesrepublik aus mittels inländischem Terror gegen inländische Rechtsgüter auf die Beendigung des Krieges in Vietnam einwirken zu können, ist unrealistisch.«[16] Mit dem Argument aber, dass die »längere Freiheitsstrafe« dazu dienen solle, »die Angeklagten von weiteren Straftaten abzuschrecken«, irrte sich das Gericht gründlich.

Während die Brandstifter sich im Zuchthaus langweilten, besetzten in München Studenten das Institut für Zeitungswissenschaften, um gegen den Vietnamkrieg zu protestieren. Eine zwanzig Jahre alte Aktivistin erhielt dafür einen Strafbefehl wegen »erschwerten Hausfriedensbruchs«. In einem Bericht der Familienfürsorge heißt es: »M. tut der Vorfall leid. Sie hat sich vorgenommen, dass derartiges nicht mehr vorkommen sollte.«[17] Brigitte Mohnhaupt blieb allerdings ihrem Vorsatz nicht treu. Sie schloss sich zwei

Jahre später der RAF an und übernahm im Frühjahr 1977 die Führung der zweiten Generation der Gruppe.

Mitte Juni 1969, nachdem die Brandstifter schon 14 Monate hinter Gittern verbracht hatten, erwirkte ihr Anwalt Horst Mahler für sie Haftverschonung. Als sie die wiedergewonnene Freiheit in Frankfurt auf einer Party feierten, setzten sich Baader, Ensslin und andere einen Schuss Opiumtinktur und infizierten sich prompt mit der unheilbaren Hepatitis C.

Die Studentenbewegung hatte da ihren Zenit bereits überschritten und zerfiel in kleine Politsekten, die das Proletariat missionieren wollten. Baader, Ensslin und die beiden Proll-Geschwister schlossen sich lieber der Heimkampagne der Frankfurter »Lederjackenfraktion« des Sozialistischen Deutschen Studentenbundes an. Sie wollten die autoritären geschlossenen Erziehungsheime abschaffen.

Ein für die Rebellen entscheidender Denker war der aus Nazi-Deutschland in die USA geflüchtete jüdische Emigrant und Marxist Herbert Marcuse, auf den sich Baader vor Gericht berufen hatte. Da die Arbeiter im Spätkapitalismus, so Marcuses These, durch Konsum und Manipulation der Massenmedien befriedet und integriert waren, könnten nur die Jugend und gesellschaftliche Randgruppen die Rolle der revolutionären Avantgarde übernehmen.

Die Brandstifter sammelten Geld für die Heimzöglinge, besorgten Lehrstellen für sie, waren rund um die Uhr für die Jugendlichen da. Ulrike Meinhof tauchte wieder auf und machte Rundfunksendungen über die erfolgreiche »Heimkampagne«. Einer der vielen aus Heimen ausgebrochenen Jugendlichen, der nach Frankfurt kam, hieß Peter-Jürgen Boock. Acht Jahre später wurde er zu einer Führungsfigur der zweiten Generation der RAF.

Im November 1969 lehnte der Bundesgerichtshof die Revision gegen das Kaufhausbrandstifter-Urteil ab. Die Verurteilten fürchteten, dass sie bald wieder ins Gefängnis

Gudrun Ensslin und Andreas Baader in Paris, Dezember 1969.

müssten. Gudrun Ensslin, Andreas Baader und Thorwald Proll gingen über die grüne Grenze nach Frankreich und wurden von französischen Genossen nach Paris gebracht. Obwohl sie noch nicht auf der Fahndungsliste standen, ließen sie in Amsterdam verfälschte Papiere besorgen. Sie waren der Romantik der Illegalität verfallen.

In Paris kauften sie sich auf einem Flohmarkt schwarze Lederjacken, tranken abends in den Cafés weißen Rum und Absinth. Sie hörten Janis Joplin und warteten auf ein Auto und auf Geld. Zuletzt logierten sie in der Wohnung von Régis Debray. Der war auf dem Weg zu Ché Guevara in den bolivianischen Dschungel gefasst worden und saß in Bolivien im Gefängnis. Später wurde Debray ein enger Berater von Präsident François Mitterrand.

Astrid Proll kam mit ihrem weißen Mercedes 220 SE nach Paris. Zusammen mit dem flüchtigen Paar fuhr sie zuerst nach Zürich, dann nach Mailand. Ihren Bruder Thorwald ließen sie in Paris zurück. In Rom lebten sie in der Wohnung des Autoren Peter O. Chotjewitz. Die Schriftstellerin Luise Rinser war von Ensslin begeistert. »Sie hat in mir eine Freundin fürs Leben gefunden«, schrieb sie an deren Vater. Der Komponist Hans Werner Henze lud das Paar in seine Villa ein. Nach einem Ausflug nach Sorrent und Sizilien, nach LSD-Trips und Langeweile, bekam das Paar in Rom Besuch aus der Heimat. Der Rechtsanwalt Horst Mahler schlug ihnen vor, nach Berlin zurückzukehren. Dort sei eine Stadtguerilla-Gruppe im Aufbau, berichtet der Anwalt.

Baader, der ängstlich und paranoide war, überlegte lange, in welchem Hemd er über die Grenze gehen solle, doch Anfang des Jahres 1970 tauchte er zusammen mit Gudrun Ensslin wieder in West-Berlin auf. Das Paar zog bei Ulrike Meinhof ein, die nach ihrer Scheidung ebenfalls in der Mauerstadt lebte. Sie war frustriert darüber, dass sie als Journalistin wenig erreichte. Sie hatte den Übergang »vom Protest zum Widerstand« gepredigt; jetzt war sie langsam bereit, ihren Worten auch Taten folgen zu lassen.

Horst Mahler, der den Aufbau einer Guerilla-Gruppe vorantrieb, sah sich in einer Sackgasse. Der Springer-Konzern hatte zivilrechtlich gegen den einst erfolgreichen Wirtschaftsanwalt durchgesetzt, dass er mehr als 75 000 Mark für die Schäden bei der Blockade des Konzerngebäudes nach dem Dutschke-Attentat zahlen sollte. Seine bürgerliche Existenz war ruiniert. Mahler hatte bereits weitere Genossen angeheuert: Nacht für Nacht diskutieren sie darüber, eine illegale bewaffnete Gruppe aufzubauen, nach dem Vorbild südamerikanischer Stadtguerilleros.

In West-Berlin hatte sich mittlerweile auch rund um ein paar Kommunen eine anarchistische Szene etabliert. Mit Parolen wie »Haschisch, Trips und Heroin – für ein freies West-Berlin« mobilisierte ein »Zentralrat der umherschweifenden Haschrebellen« Hippies für militante Aktionen. Dass es aber vor allem um Spaß ging, zeigte der Slogan »High sein, frei sein, Terror muss dabei sein!«.

Als »Tupamaros West-Berlin« hatten die Anarchisten – einige schlossen sich später der RAF an, die meisten gründeten die Bewegung 2. Juni – im Herbst 1969 die ersten Bomben gelegt. »Es war noch Räuber-und-Gendarm-Spielen«, sagt ein damaliger Beamter der Politischen Polizei. Er habe die jungen Revoluzzer aber immer gewarnt: »Irgendwann gibt es einen Toten und dann wird es ganz ernst.«

Die späteren Gründer der RAF hielten die zumeist drogenumnebelten Anarchisten für Dilettanten. Sie hingegen wollten »an der Basis« arbeiten, im Märkischen Viertel, einer Trabantenstadt, das Proletariat aufwiegeln – und gleichzeitig illegal agieren. Für Baader und Ensslin erübrigte sich diese Doppelstrategie. Gegen sie waren inzwischen, da sie die Ladung zum Strafantritt ignoriert hatten, Vollstreckungshaftbefehle ergangen.

Die Gruppe hatte ein großes Problem: Sie wollte den bewaffneten Kampf aufnehmen, hatte aber keine Waffen. Horst Mahler wandte sich deshalb an einen Mann namens Peter Urbach. Er hatte sich schon in der Kommune 1 herumgetrieben und dort Bomben geliefert. Auch der Prototyp für die Brandsätze, die in Frankfurt zum Einsatz gekommen waren, stammte von ihm. »Insgeheim«, so hieß es allerdings später in einem Urteil, »war Urbach jedoch als Vertrauensmann für das Berliner Landesamt für Verfassungsschutz tätig.«

Obwohl die Tupamaros Mahler vor Urbach gewarnt hatten, ging er auf den Vorschlag des Verfassungsschutzagenten ein, zusammen mit Baader und zwei weiteren Genossen auf einem Friedhof am Stadtrand nach angeblich dort versteckten Wehrmachtspistolen zu graben. Auf dem Weg zum Friedhof nahm die Polizei Baader fest. Er hatte den Pass des Schriftstellers Peter O. Chotjewitz dabei, in den ein Foto von ihm eingefügt worden war. Aber leider wusste er die Zahl der darin eingetragenen Kinder nicht.

Gudrun Ensslin war sofort wild entschlossen, ihren Geliebten zu befreien. Dass sie gute Nerven hatte, stellte sie unter Beweis, als sie – obwohl nach ihr gefahndet wurde – mit dem Ausweis einer Bekannten als »Dr. Grete Weitemeier« Baader dreimal im Gefängnis besuchte. »Grete« war auch der erste Deckname Ensslins. Ihr Geliebter Baader, den sie »Andy« nannte, bekam den Tarnnamen »Hans«.

Ulrike Meinhof wurde »Anna« genannt. Ihr Verleger Klaus Wagenbach hatte zwar einen Buchvertrag mit ihr und Baader aufgesetzt, um dessen Flucht zu ermöglichen, war aber »absolut dagegen, dass Ulrike Meinhof in den Untergrund geht«. Da sein Verlag überwacht wurde, machte er mit der Journalistin einen Spaziergang, um ihr ins Gewissen zu reden. Wagenbach hatte mit 15 als Hitlerjunge seine Panzerfaust weggeworfen und fand die Idee des bewaffneten Kampfes absurd. »So viele gute Federn wie dich gibt es nicht«, bestürmte er Meinhof. Doch er erreichte sie nicht mehr.

Zur Waffenbeschaffung fasste die Gruppe einen neuen Plan. »Wir wollten uns«, so ein einstiger RAF-Mann, »an der Mauer in Kreuzberg zwei Polizisten schnappen, sie mit Äther betäuben und ihnen die Uniformen und Maschinenpistolen abnehmen.« Horst Mahler und zwei Genossen warteten an einer dunklen Ecke in Kreuzberg auf eine solche Doppelstreife der West-Berliner Polizei. Doch als die Grenzpatrouille sich näherte, verlor Mahler die Nerven, sprang aus dem Auto und vermasselte den Überfall. Gudrun Ensslin beschimpfte die drei Männer anschließend als »unfähige Typen«.

Es mussten zwei junge Frauen ran, um Waffen zu besorgen. Sie gingen in eine Kneipe namens »Wolfsschanze«, einen schummrigen Treffpunkt von Nazis und Kriminellen in Berlin-Charlottenburg. Einem aus der DDR freigekauften Zuchthäusler kauften sie für 2000 Mark zwei Pistolen ab. Mit einer Beretta-Pistole schoss dann der maskierte Mann bei der Befreiung Baaders den Institutsangestellten an.[18]

Kapitel 3
Im Untergrund

Am 8. Juni 1970 machte sich in West-Berlin eine Reisegesellschaft der besonderen Art auf den Weg. Der Anführer der konspirativen Gruppe war der Rechtsanwalt Horst Mahler, der im Zusammenhang mit der Befreiung Andreas Baaders von der Polizei gesucht wurde. Mit ihm fuhren je zwei junge Männer und Frauen zum Ost-Berliner Flughafen Schönefeld. Sie sollten sich bald als »anarchistische Gewalttäter« auf den Fahndungsplakaten der Polizei wiederfinden. Das Quintett mit dem Reiseziel Damaskus war die Vorhut der Gruppe, die sich »Rote Armee Fraktion« nennen würde.

Ihre Gründer verstanden sich als Revolutionäre. Da die Revolution nicht in Sicht war, wollten sie sie erzwingen. Sie wollten »ein Zeichen setzen«, wie manche von ihnen es heute noch ausdrücken. Sie begriffen sich als Avantgarde der Arbeiterklasse, die – wie es Karl Marx prophezeit hatte – den Kapitalismus überwinden würde. Vor allem aber sahen sie sich in einer antiimperialistischen Front mit dem Vietcong in Vietnam, den Tupamaros in Uruguay oder den Black Panthers in den USA.

Sie meinten es ernst. »Die Baader-Befreiungs-Aktion«, hatte Ulrike Meinhof geschrieben, »war kein Deckchensticken.« Wohl wahr. Das Befreiungskommando hatte einen alten Mann angeschossen und lebensgefährlich verletzt. Auf allen fünf Beteiligten lastete deshalb der Vorwurf des versuchten Mordes; Meinhofs Steckbrief prangte an den

West-Berliner Litfaßsäulen. Da sich die Gruppe auf eine solchen Fahndungsdruck nicht vorbereitet hatte, war die Reise in den Nahen Osten eine Flucht aus Berlin.

Nach einem ungeplanten Zwischenstopp in Beirut brachten Palästinenser die Vorausabteilung aus Berlin in die jordanische Hauptstadt Amman. Die Vertreter der Fatah, des bewaffneten Arms von Jassir Arafats Palestine Liberation Organization (PLO), organisierten für ihre Gäste ein Polit-Touristen-Programm. Die aber erklärten nach den obligatorischen Besuchen in Flüchtlingslagern und Waisenhäusern: »Das ist ja alles sehr interessant, aber wir wollen eine Ausbildung. Wir wollen Waffen. Wir wollen an die Front!«

Wunschgemäß brachten die Palästinenser sie in ein Fatah-Lager unweit von Amman, in dem sich bald auch der Rest der Berliner einfand. Nun standen für die 14 Lehrlinge der Weltrevolution Dauerlauf, Schießübungen und Nahkampf auf dem Ausbildungsprogramm. »Horst Mahler war so eifrig dabei«, erinnert sich ein Teilnehmer, »als ob er schon immer Soldat werden wollte.« Andreas Baader habe, wie üblich, gleich angefangen zu motzen. Er fand es für angehende Stadtguerilleros sinnlos, Nahkampf mit dem Bajonett zu üben. Die kulturellen Differenzen zwischen den palästinensischen Freischärlern und den Freaks aus Deutschland konnte auch die internationale Solidarität nicht immer überbrücken. So hatten sich die Berliner erfolgreich dagegen gewehrt, dass Frauen und Männer in getrennten Unterkünften schlafen sollten. Aber als sich Frauen der Gruppe nackt sonnten, schritt der Lagerkommandant doch ein.

Die inoffizielle Führung der Deutschen bestand aus zwei Männern und zwei Frauen: dem Bohemien Andreas Baader und dem Anwalt Horst Mahler, der Doktorandin Gudrun Ensslin und der Journalistin Ulrike Meinhof. Der Exfreund Meinhofs, Peter Homann, begann bald, gegen Baader und dessen Chefgehabe zu opponieren. Nach einer Schlägerei zwischen den beiden wurde der Dissident von den Palästinensern nach Hause geschickt.

Jürgen Bäcker, der vormalige Geschäftsführer des Republikanischen Clubs in Berlin, wurde in der Heimat noch nicht von der Polizei gesucht. Er reiste deshalb nach dem Ende der knapp achtwöchigen Ausbildung als Erster zurück. Bäcker sollte herausfinden, ob die Route sicher war. Doch auf dem Ost-Berliner Flughafen Schönefeld wurde er festgenommen und an die Staatssicherheit übergeben. »Damit Sie uns keinen Unsinn erzählen«, empfing ihn ein Stasi-Vernehmer, »geben ich Ihnen mal ein Beispiel, was wir über Ihre Truppe wissen.« Er nannte Bäcker den Decknamen, den dieser gerade erst im Fatah-Lager bekommen hatte.

»Harp«, alias Bäcker, klärte daraufhin die Vernehmer der Stasi ausführlich auf. Laut Vernehmungsprotokoll beabsichtigte die Gruppe, »einen Anschlag gegen das Hauptquartier der US-Besatzungstruppen in der Clayallee und zwar Sprengstoffanschläge gegen dort stationierte Panzer zu unternehmen«. Man sei im Fatah-Lager »in der selbständigen Herstellung von Spreng- und Brandsätzen unterrichtet worden«. Ein Brandsatz solle im Büro der US-Fluggesellschaft Pan Am gelegt werden, da sich dort ein »getarntes Büro der CIA befindet«. Es sei zudem geplant, die Gruppe auf »50 bis 100 Personen zu verstärken«, Polizei und Justiz »zu demoralisieren« und das Volk »durch Schockwirkungen aufzurütteln«.[1]

Kaum in Aktion getreten, hatten sich die Gründer der RAF schon in der Schattenwelt der Geheimdienste verstrickt, aus der sie nie mehr völlig entkommen sollte. Besonders die Stasi, die exzellente Verbindungen zu arabischen Geheimdiensten und den Palästinensern hatte, war über lange Phasen bestens über die Gruppe informiert. Mielkes Männer wussten oft, wo sich die RAF-Kader versteckten, während die bundesdeutschen Terrorfahnder im Dunklen tappten.

Nachdem die Stasi-Offiziere Bäcker 24 Stunden lang verhört hatten, brachten sie ihn zum Bahnhof Friedrichstraße und schoben ihn durch eine Geheimtür auf einen Bahnsteig, der ansonsten nur von West-Berlin aus zu erreichen war. Zu seinem Ärger hatten die Stasi-Männer ihm die Pistole, die er in Amman gekauft hatte, und 25 Schuss Munition nicht zurückgegeben.

Die RAF-Gründer hatten fast alle in Jordanien spanische »Llama-Especial«-Pistolen des Kalibers 9 mm erworben und von den Fatah-Genossen passende Munition geschenkt bekommen. Sie zerlegten die Waffen in ihre Einzelteile und schmuggelten sie über die Hauptstadt der DDR nach West-Berlin. Probleme an der Grenze bekam nur Bäcker.

Nur einen Monat aktiv, hatte die RAF schon ihre wichtigste strategische Allianz geschlossen, die mit palästinensischen Terrorgruppen. In den folgenden Jahren konnten RAF-Kader immer wieder im Nahen Osten untertauchen und trainieren. Ohne diese Unterstützung hätte die RAF nicht so lange existieren und sich immer wieder aufbauen können.

Als die Gründergruppe sich im August 1970 wieder in West-Berlin gesammelt hatte, musste endlich ein Name her. Horst Mahler plädierte für »Geyers schwarzer Haufen«, in Anlehnung an Florian Geyer, einen Führer aus den Bauernkriegen des 16. Jahrhunderts. Das fanden die meisten absurd. Da sie sich als Kommunisten in der Tradition von Lenin verstanden, wurde schließlich Meinhofs und Ensslins Vorschlag angenommen: »Rote Armee«. Mit dem Zusatz »Fraktion« wollten die Rotarmisten klarmachen, dass die Gruppe der bewaffnete Arm einer noch aufzubauenden kommunistischen Partei sei. Dass die Abkürzung RAF die meisten älteren Deutschen an die Royal Air Force, an die Zerstörung von Dresden und den Bombenkrieg der Briten erinnerte, daran dachte niemand. Auch die Assoziation mit der sowjetischen Roten Armee, die als Besatzer keineswegs beliebt waren, störte keinen.

Als Vorbilder dienten den RAF-Gründern weniger die Palästinenser als Guerilla-Gruppen aus Südamerika, die dort gegen korrupte Diktaturen kämpften. Besonders imponierte ihnen der brasilianische Revolutionär Carlos Marighella. »Das Minihandbuch des Stadtguerillero von Marighella war die Bibel der RAF«, erinnert ein Gründungsmitglied, »und ihr Laienprediger war Andreas Baader.« In der Anleitung heißt es: »Die Logistik des Stadtguerilleros, der bei null anfängt und zunächst über keine Stütze verfügt, kann mit der Formel ›MGWMS‹ beschrieben werden: Motorisierung, Geld, Waffen, Munition, Sprengstoff.«

Für Motorisierung sorgten die RAF-Gründer auf zweierlei Weise. Zum einen mietete Horst Mahlers vormalige Referendarin Monika Berberich in Nordrhein-Westfalen unter falschem Namen acht Autos. Die Wagen wurden nach Berlin gebracht und mit gefälschten Nummernschildern ausgerüstet, vorzugsweise mit Dubletten von Autos gleichen Typs. Zum anderen wurden Wagen gestohlen, wobei zunächst Mercedes-Limousinen des Typs 220 oder 230 besonders beliebt waren.

»Baader war ein Kind seiner Zeit«, sagt Astrid Proll. »Er liebte schnelle Autos.« Nicht nur Proll, sondern auch andere RAF-Leute bauten häufig Unfälle. Baader, der zeitlebens keinen Führerschein hatte, kam einmal mit einem Porsche bei Tempo 160 von der Autobahn ab und überschlug sich. Die Geschichte der ersten Generation der RAF trägt auch Züge eines Roadmovies.

Neben den Autos verfügte die RAF über vier konspirative Wohnungen in den West-Berliner Bezirken Wilmersdorf und Schöneberg, die unter falschem Namen gemietet wurden. Um die Miete zu bezahlen und das kostspielige Leben im Untergrund zu finanzieren, griff die Gruppe zu

dem Mittel, das Marighella in seinem Handbuch als »Vorexamen, in dem die Technik der Revolution erlernt wird«, charakterisierte: dem Bankraub.
Ende September 1970 trat die RAF in West-Berlin zu einer kollektiven Prüfung an. Innerhalb von zehn Minuten registrierte die Polizei Überfälle auf drei verschiedene Bankfilialen. In Anklageschriften und Urteilen hieß es später, dass die RAF die drei Überfälle zu verantworten hatte. In Wahrheit gingen nur zwei auf das Konto der RAF, einen beging die anarchistische Gruppe Bewegung 2. Juni. Der angebliche »Dreierschlag« der RAF ist einer von etlichen Justizirrtümern, der auch von den meisten RAF-Chronisten als historische Wahrheit übernommen wurde.[2]
Die Beute der RAF, die sich auf über 209 000 Mark summierte, nahm Gudrun Ensslin als Kassenwart der Gruppe in Verwahrung. Die Gruppenmitglieder hatten – Ordnung musste sein – bei ihr Listen mit ihren Ausgaben einzureichen. Ulrike Meinhof regte sich immer wieder auf, wenn »Revolutionsgeld« verschwendet wurde.
Welch hohes Risiko die selbst ernannten Guerilleros eingingen, darüber dachten sie nicht nach. Sie waren jung, das Durchschnittsalter der Gruppe lag bei 27 Jahren. »Dass wir uns bis zu zwanzig Jahre Knast einhandeln konnten«, sagt eine von ihnen heute, »das haben wir verdrängt.« Dass sie unter Umständen den bewaffneten Kampf mit ihrem Leben bezahlen würden, darüber sprachen sie nicht.

Am 8. Oktober 1970, nur neun Tage nach den Banküberfällen, erlitt die Gruppe ihren ersten herben Rückschlag. Ein anonymer Anrufer hatte einem Beamten der Politischen Polizei berichtet, dass Andreas Baader sich in einer Wohnung in der Knesebeckstraße 89, in Berlin-Charlottenburg, aufhalte. Nach kurzer Observation drangen Kripobeamte in die Wohnung ein und fanden auf dem Balkon eine junge Frau, die im Hosenbund eine Pistole stecken hatte. Sie wurde als Medizinstudentin Ingrid Schubert identifiziert. Im April 1971 verurteilte das Landgericht Berlin sie wegen der Befreiung von Baader und mehrerer Banküberfälle zu 13 Jahren Gefängnis; im November 1977 erhängte Schubert sich in der Münchner Haftanstalt Stadelheim.

Im Oktober 1970 ging der Polizei nur zwanzig Minuten nach der Verhaftung von Schubert in der konspirativen Wohnung in der Knesebeckstraße ein Mann ins Netz. Die Kripobeamten zogen Horst Mahler eine durchgeladene Pistole aus der Gesäßtasche und eine Perücke vom Kopf. »Kompliment, meine Herren«, sagte der Anwalt, der in der Gruppe den Decknamen »James« trug. Es dauerte nicht lange, bis noch drei weitere Frauen in die Falle liefen. Die Schülerin Irene Goergens erklärte nach ihrer Festnahme einem Polizisten: »Ihr Pigs könnt zufrieden sein, dass ich nicht zum Schießen gekommen bin.«

Nach nicht mal fünf Monaten des bewaffneten Kampfes hatte die RAF mit einem Schlag mehr als ein Viertel ihrer Mitglieder verloren, darunter den eigentlichen Gründer der Gruppe, Horst Mahler. Noch am selben Tag entdeckte die Polizei das Hauptquartier der Gruppe in Berlin-Schöneberg. Die Fenster des Unterschlupfs waren mit Alufolie zugeklebt, an den Wänden hingen Landkarten.

Da der Boden in West-Berlin zu heiß geworden war, verlagerte die RAF ihr Aktionsgebiet nach Westdeutschland. Ulrike Meinhof, die aus ihrer Zeit als Journalistin über zahlreiche Kontakte in der ganzen Republik verfügte, oblag die Quartierbeschaffung. Sie und andere RAF-Genossen stiegen bei dem Psychologieprofessor Peter Brückner in Hannover ab, einem WDR-Redakteur in Köln, einer Psychologin in Frankfurt oder einem Pfarrer bei Oldenburg. Noch gab es alte Freunde, die – wenn auch oft widerwillig – Unterschlupf gewährten. Unter den Linksliberalen in Hamburg, die Ulrike Meinhof seit Langem kannten, wurde auf Partys mit wohligem Schaudern darüber spekuliert, was man tun würde, wenn sie eines Nachts vor der Türe stünde. Marion Gräfin Dönhoff, Herausgeberin der »Zeit«, soll dabei gesagt haben: »Ich würde ihr Geld geben und sie wegschicken.«[3]

Der Anspruch der RAF, ein Kollektiv gleichberechtigter Mitglieder zu sein, erwies sich schnell als irreal. Baader, Meinhof und Ensslin bildeten die Führungsgruppe. Der Unternehmersohn und Soziologe Jan-Carl Raspe und der Kameramann Holger Meins waren Baaders Vertraute.

Anwalt und RAF-Gründer Horst Mahler im Gefängnis Berlin-Tegel.

Vornehmlich Frauen machten die zweite Reihe aus. Dem überwiegend männlichen Fußvolk wurden technische und logistische Hilfsarbeiten aufgetragen.
»Die RAF«, sagt Ex-Mitglied Jürgen Bäcker, »das waren Bürgerkinder mit einer karitativen Macke.« Doch trotz des Anspruches, die Klassengesellschaft zu überwinden, reproduzierte die RAF sie. Die Führung und die Kader waren Kinder von Akademikern, die meisten Hilfskräfte hingegen kamen aus der Arbeiterklasse. Bei den wenigen der ersten Generation, die später aussagten und in den Augen der RAF zu Verrätern wurden, handelte es sich meist um Proletarier.
Die heimliche Chefin der ersten Generation der RAF war Gudrun Ensslin. Bommi Baumann schrieb über sie: »Der wirkliche Kopf durch gute Rhetorik und stechende Intelligenz sowie psychologisch scharfe Einzelanalysen. Der Geist der RAF. Sehr kalt, mutig, fanatisch. Sehr fleißig und ordentlich.«

Als gut zum Rekrutieren außerhalb der West-Berliner Szene erwies sich für die RAF das »Sozialistische Patientenkollektiv« (SPK), eine antikapitalistische Psychosekte in Heidelberg. Ihre Parole lautete: »Das System hat uns krank gemacht, geben wir dem kranken System den Todesstoß.« Auf Flugblättern des SPK hieß es: »Unser Lebensraum ist der Volkskrieg.« Im Rahmen ihrer Gruppentherapie war unter anderem auch eine »AG Sprengtechnik« gegründet worden.
Zum SPK gehörte auch die Psychologiestudentin Margrit Schiller. Immer wieder quartierten sich in ihrer Heidelberger Wohnung Baader, Ensslin, Meinhof und andere RAF-Mitglieder ein. »Sie studierten technische Pläne und Stadtpläne«, beschrieb Schiller diese Besuche später, »reinigten ihre Waffen oder wollten einfach nur entspannen, ausruhen und Musik hören.« Außerdem fiel ihr auf: »Alle

liebten Donald-Duck-Hefte, lasen sie gemeinsam und lachten dabei wie Kinder.«⁴

Die Guerilleros tranken selten Alkohol, sondern zogen Haschisch vor. Doch die Jahre des wilden Kommunelebens waren vorbei. Die RAF-Gründer sahen sich als Berufsrevolutionäre. Als der Verleger Klaus Wagenbach einmal mit Meinhof telefonierte und ihr sagte, dass er die nächsten drei Wochen mit seiner Familie in Urlaub fahre, erwiderte seine einstige Autorin: »Der Vietcong macht keinen Urlaub.« Margrit Schiller fühlte sich auch von der »absoluten Ernsthaftigkeit« der RAF-Leute angezogen. »Sie lebten, was sie sagten, sie spielten nicht.«

In Schillers Wohnung in Heidelberg schrieb Ulrike Meinhof am ersten größeren Text der RAF. Sie rauchte Kette, trank literweise Kaffee und arbeitete die Nächte durch. Sie versuchte zu begründen, warum das »Primat der Praxis« das Gebot der Stunde sei. Garniert mit Zitaten von Lenin, Mao Zedong und dem Black-Panthers-Aktivisten Eldridge Cleaver erklärt sie, dass die Linken genug analysiert und theoretisiert hätten. »Stadtguerilla«, so definierte sie, »heißt trotz der Schwäche der revolutionären Kräfte in der Bundesrepublik und West-Berlin hier und jetzt revolutionär intervenieren!« Ob es richtig sei, »den bewaffneten Widerstand jetzt zu organisieren«, schrieb Meinhof, »hängt davon ab, ob es möglich ist; ob es möglich ist, ist nur praktisch zu ermitteln«. Das »Konzept Stadtguerilla« schloss mit der Parole: »Sieg im Volkskrieg!«⁵

In den Weihnachtstagen des Jahres 1970 traf sich der größte Teil der Gruppe in Stuttgart. Ulrike Meinhof wollte die Gelegenheit nutzen, um einmal in Ruhe über die Erfahrungen der letzten Monate zu sprechen. Sie war es leid, nachts Autos zu klauen und tagsüber neue Autos und Banken »auszuchecken«; sie war es müde, von einer Stadt in die nächste zu hetzen. In heutzutage schwer vorstellbaren Zeiten ohne Mobiltelefone und Internet war die Kommu-

nikation einer klandestinen Gruppe, die beständig in Bewegung war, extrem kompliziert und aufwändig.
Meinhof zweifelte an der Praxis der RAF. Baader aber blockte ab und machte für die ständigen Standortwechsel Einzelne verantwortlich, die die Sicherheit der Gruppe gefährdet hätten. Als Meinhof nicht lockerließ, brüllte Baader: »Ihr Votzen, eure Emanzipation besteht darin, dass ihr eure Typen anschreit!« Das war selbst Gudrun Ensslin zu viel. Sie sagte zu ihrem Geliebten: »Baby, das kannst du gar nicht wissen.«
Eine Frau erklärte geschockt: »Ich halte viel aus, aber das mache ich nicht mit.« Baader hielt daraufhin einen Vortrag, dass »Stadtguerilla ein harter Job« sei. Unter dem Druck der Illegalität würden sich die Aggressionen in der Gruppe nach innen wenden. »Und das musst du aushalten«, sagte er, »sonst hast du bei uns nichts zu suchen.« Die Frau trennte sich von der RAF und wurde bald verhaftet.
Die Aussteigerin hatte zuvor noch ein einschneidendes Erlebnis mit Baader. Als er in einer konspirativen Wohnung in Frankfurt mit seiner Pistole herumhantierte, löste sich versehentlich ein Schuss; das Projektil streifte ihre Hüfte. Als ihre Freundin eine legale Genossin anrief, die einen Arzt besorgte, machte Baader ihr eine Szene, wie sie denn die Gruppe so leichtsinnig gefährden könne.
Nicht nur Ulrike Meinhof beschlichen Zweifel am Vorgehen der Gruppe. Manfred Grashof, der Fälscher der RAF, wurde im Januar 1971 für einen Bankraub von West-Berlin nach Kassel beordert. »Da stand ich plötzlich in einer Stadt, in der ich nicht einmal den Weg zum Bahnhof kannte«, erinnert er sich. Das hatte nichts mehr mit der Devise Mao Zedongs zu tun, fand er, nach der sich »die Revolutionäre im Volk wie Fische im Wasser« bewegten.
Grashof musste bald einen schweren Schlag hinnehmen. Er hatte seine Freundin Petra Schelm zur RAF gebracht. Sie war zwanzig Jahre alt, hatte Friseuse gelernt und war

für die Tarnung der Gruppe mit gefärbten Haaren oder Perücken zuständig. Als sie am 15. Juli 1971 mit einem anderen RAF-Mann in Hamburg in einem BMW 2002 ti unterwegs war, wussten die beiden nicht, dass die Polizei in ganz Norddeutschland unter dem Decknamen »Kora« die bislang größte Fahndungsaktion gestartet hatte.

Als das RAF-Duo an eine Straßensperre der Polizei kam, gab Schelm Gas. Nach einer wilden Verfolgungsjagd und Schießerei tötete ein Polizist die RAF-Frau mit einem Kopfschuss aus seiner Maschinenpistole. Auf die Frage, warum der Beamte nicht versucht habe, Schelm kampfunfähig zu schießen, antwortete der Hamburger Polizeisprecher: »Waren Sie eigentlich schon mal im Krieg?«

Petra Schelm war die Erste von insgesamt 21 Mitgliedern der RAF, die bis zum Jahr 1999 den bewaffneten

RAF-Frau
Petra Schelm.

Kampf mit ihrem Leben bezahlen sollten. Zur Wirkung von Schelms Tod auf die Gruppe sagte die RAF-Frau Irmgard Möller später: »Der Zusammenhalt wurde dadurch auch enger.«[6] Gleichzeitig setzte die Dynamik der Rache ein. Schelms Freund wollte spontan in das Polizeirevier einmarschieren, aus dem der Todesschütze kam, und dort ein Blutbad anrichten. Auch wenn die übrigen Mitglieder der Gruppe ihm das ausredeten, Polizei und Justiz wurden zum Hauptfeind der Gruppe.

Gut drei Monate nach dem Tod Petra Schelms kam es in Hamburg am 22. Oktober 1971 zu einem weiteren fatalen Zusammentreffen. Nachdem sich rund zehn RAF-Leute in einer konspirativen Wohnung versammelt hatten, musste Ulrike Meinhof noch einmal runter, um zu telefonieren. Zu ihrer Absicherung nahm sie Margrit Schiller und Gerhard Müller mit, die beide vom SPK zur RAF gestoßen waren. Zwei Polizisten in Zivil, die Streife fuhren, erschien Meinhof verdächtig. Als sie ihren Ausweis kontrollieren wollten, rannte sie los. Müller lief hinterher.

Als der Zivilfahnder Norbert Schmid und sein Kollege das verdächtige Paar fast erreicht hatten, drehte Müller sich um und schoss sechs Mal.[7] Im Krankenhaus konnte nur noch Schmids Tod festgestellt werden. Der zweifache Vater war der Erste von insgesamt 33 Menschen, die von der RAF ermordet wurden.

Gerhard Müller distanzierte sich vier Jahre später von der RAF und sagte detailliert aus. Im Gegenzug wurde er für den Polizistenmord nicht angeklagt. Für andere Straftaten bekam er zehn Jahre Gefängnis, wurde nach knapp sieben Jahren aus der Haft entlassen und mit einer neuen Identität ausgestattet. Ein Teil von Müllers Aussage – wahrscheinlich der, in dem er den Mord gesteht – wurde vom Bundesjustizministerium »zum Wohle der Bundesrepublik« gesperrt. Die Blätter liegen bis heute bei der Bundesanwaltschaft unter Verschluss.

Polizei und Justiz standen der RAF zunächst ziemlich hilflos gegenüber. Straftäter, die derartig entschlossen, organisiert und intelligent vorgingen, waren in der Bundesrepublik ein Novum. Im Juni 1971 beschloss das Kabinett Willy Brandts, den Nürnberger Polizeipräsidenten Horst Herold zum Präsidenten des Bundeskriminalamtes (BKA) zu ernennen. Vier Monate später ordnete Herold an, dass die BKA-Sicherungsgruppe Bad Godesberg eine »SoKo Baader-Meinhof« bildete. Als Visionär des Computerzeitalters sorgte er auch dafür, dass das aufwändige Inpol-System – Datensammlungen, auf die Polizisten aller Bundesländer zugreifen konnten – schnell aufgebaut wurde.

Herold brachte bald nicht nur für Großfahndungen die Befehlsgewalt über die Polizei aller Bundesländer an sich, sondern sicherte sich auch Agenten vom Auslandsgeheimdienst BND für Observationen. Die RAF war für das BKA ein gewaltiges Arbeitsbeschaffungsprogramm. Die Zahl der Mitarbeiter sollte in den nächsten zehn Jahren von 1113 auf über 3000, das Budget von 55 auf 290 Millionen Mark im Jahr steigen.[8]

Politiker nannten die RAF – um sie nicht als politisch motivierte Gruppe anzuerkennen – stets »Baader-Meinhof-Gruppe«. Konservative und die Springer-Blätter zogen die Bezeichnung »Baader-Meinhof-Bande« vor. Sie mieden eine Diskussion darüber, warum intelligente junge Menschen aus der Mitte der Gesellschaft den Staat mit Waffengewalt zerstören wollten. Als Erklärungsversuche wurden höchstens psychologische Dispositionen bemüht – beispielsweise das vaterlose Aufwachsen von Baader und Meinhof.

Horst Herold allerdings war für diese eindimensionale Sicht zu klug. »Der Terrorismus«, erklärte der BKA-Präsident, »reflektiert lediglich die Probleme, die objektiv bestehen.« Der BKA-Chef war der Einzige auf der Seite des Staates, der eine eigene Hypothese für die Entstehung der RAF entwickelte. Seit der Geburt des modernen Terro-

rismus im Russland des späten 19. Jahrhunderts, meinte er, sei das Auftauchen solcher Gruppen wie ein Wetterleuchten, das große historische Umbrüche ankündige. Im Nachhinein betrachtet war die RAF für Herold die Vorbotin der globalen Vorherrschaft des Kapitalismus, die sich nach dem Kollaps des sozialistischen Lagers im Jahr 1990 etablierte.[9]
Terroristische Gruppen sind gewöhnlich aufgrund ihrer Gewalt gefürchtet. Vor diesem Hintergrund ist es erstaunlich, dass bei einer Umfrage des Allensbach-Institutes im März 1971 jeder siebte Befragte nicht ausschließen wollte, dass er ein Mitglied der Gruppe für eine Nacht beherbergen würde, um es vor der Polizei zu schützen. Bei einer anderen Umfrage Ende 1971 billigten 40 Prozent der Befragten der RAF politische Motive zu, 43 sprachen sie ihr ab.

Brigitte Mohnhaupt sagte später aus, die RAF habe Anfang 1972 über acht Gruppen in sechs Städten verfügt. Diese seien in das »Logistiksystem integriert« gewesen und hätten Aktionen gemeinsam diskutiert, »aber waren autonom in ihrer Entscheidung über die operative Durchführung«. Dies hört sich wohlorganisiert an, doch in Wahrheit musste die Gruppe ständig improvisieren und war politisch isoliert. Den Linksradikalen, aus deren Szene die RAF-Kader kamen, waren sie als »Leninisten mit Knarre« von Anfang an suspekt. Nach den großspurigen Erklärungen des Jahres 1971 machten sie inzwischen vor allem damit Schlagzeilen, dass sie Banken überfielen. Um nicht die letzten Sympathisanten zu verlieren, musste die RAF endlich politische Aktionen starten.
Anfang des Jahres 1972 bezog die Führungsgruppe – Baader, Ensslin, Meins und Raspe – in Frankfurt eine Wohnung in einem anonymen Neubaukomplex. Meins kontaktierte einen Bekannten, einen freischaffenden Metallbildner. Der bekam den Decknamen »Pfirsich«

und schweißte – angeblich für Filmaufnahmen – Bombenhülsen zusammen. Als Anleitung für die Produktion des Sprengstoffs diente das »Anarchist Cookbook« aus den USA, das sich nicht an libertäre Gourmets wandte, sondern Rezepte für Explosiva und Bastelanleitungen für Bomben enthielt.[10] Verschiedene Komponenten des Sprengstoffs wie Ammoniumnitrat und Kaliumnitrat mussten zu feinem Pulver gemahlen werden. Tagelang saßen die RAF-Kader vor kleinen elektrischen Kaffeemühlen, von denen an die zehn heiß liefen und den Dienst versagten. Nach der Aussage des inoffiziellen Kronzeugen Gerhard Müller, der den Großteil der Chemikalien für den Sprengstoff besorgt hatte, leitete die Gruppe ihre lange vorbereitete Offensive dann spontan ein.

Nachdem sie im Radio hörten, US-Präsident Richard Nixon lasse nordvietnamesische Häfen verminen, fuhren – laut Müllers Aussagen – Raspe und Ensslin am 11. Mai 1972 in Frankfurt zum Hauptquartier des V. US-Korps und erkundeten die Lage. Nur wenige Stunden später explodierten zwei Bomben am Eingang des einstigen Sitzes der I. G. Farben und eine weitere am Offizierskasino. Der Oberstleutnant Paul A. Bloomquist wurde durch Metallsplitter getötet, 13 Personen wurden schwer verletzt.

In der Erklärung des »kommandos petra schelm« – die RAF wählte für ihre Aktionseinheiten nach palästinensischem Vorbild Namen getöteter Kampfgenossen – hieß es: »Für die Ausrottungsstrategen von Vietnam sollen Westdeutschland und West-Berlin kein sicheres Hinterland mehr sein.« Einen Tag später gingen in der Polizeidirektion Augsburg zwei Bomben hoch, eine detonierte auf dem Parkplatz des Landeskriminalamtes in München. Es wurden 17 Menschen verletzt. Weitere drei Tage später explodierte in Karlsruhe ein Sprengsatz, der unter dem VW des Bundesrichters Wolfgang Buddenberg angebracht war, als dessen Frau den Wagen startete. Der für die Haftbedingungen der RAF-Gefangenen verantwortliche Richter fuhr ausnahmsweise nicht mit, seine Frau wurde schwer verletzt.

Die meisten Verletzten der »Mai-Offensive« forderte ein Anschlag auf die Zentrale des Axel-Springer-Verlags in Hamburg am 19. Mai 1972. Zwei Bomben explodierten in dem Hochhaus, drei zündeten nicht. 17 Beschäftigte wurden verletzt, zwei davon schwer. Die Linken hassten zwar die Springer-Zeitungen, aber mit Bomben auf die Drucker und Setzer des Konzerns loszugehen, das ging ihnen entschieden zu weit. Die RAF-Frau Irmgard Möller räumte später ein, der Anschlag sei »ein böses Beispiel« dafür gewesen, »wie man militante Politik auf gar keinen Fall machen kann«.

Vier Tage später beendete die RAF ihre Offensive mit einem Anschlag auf das Hauptquartier der 7. US-Armee in Heidelberg. Zwei mit insgesamt 125 Kilogramm Sprengstoff gefüllte Bomben zerfetzten drei amerikanische Soldaten. Ulrike Meinhof schrieb in der Kommandoerklärung: »Die Menschen in der Bundesrepublik unterstützen die Sicherheitskräfte bei der Fahndung nach den Bombenattentätern nicht, weil sie mit den Verbrechen des amerikanischen Imperialismus und ihrer Billigung durch die herrschende Klasse hier nichts zu tun haben wollen; weil sie Auschwitz, Dresden und Hamburg nicht vergessen haben.«[11]

Das Gegenteil war der Fall: Während der Anschlagsserie, bei der insgesamt vier Menschen getötet und 74 verletzt worden waren, gingen bei der Polizei so viele Hinweise ein wie noch nie. Einer dieser Tipps brachte Fahnder des BKA dazu, eine Garage in Frankfurt nahe dem Hauptfriedhof zu observieren. In den Morgenstunden des 1. Juni 1972 erlebten Zivilbeamte dort eine filmreife Szene.

Drei junge Männer rasten in einem auberginefarbenen Porsche in falscher Fahrtrichtung durch eine Einbahnstraße.

Zwei gingen in die verdächtige Garage. Als sich Polizisten dem dritten Mann näherten, der draußen Schmiere stand, flüchtete der. Dann schoss er dreimal, traf aber nicht. Er ließ sich widerstandslos festnehmen. Es war Jan-Carl Raspe, der fähigste Techniker der Terrorgruppe.

Die zwei Männer in der Garage hatten, als sie die Schüsse hörten, sofort die Türen geschlossen. Immer mehr Polizisten rückten zur Belagerung an. Sie schoben ein Auto vor die Garagentür, warfen durch kleine Fenster von hinten Tränengasgranaten in die Garage. »Die einzige Chance, die Sie haben«, rief der Einsatzleiter des BKA durch ein Megafon, »ist aufzugeben. Werfen Sie die Pistolen in den Hof. Nehmen Sie die Hände hoch und kommen Sie einzeln raus. Sie sind noch jung.«[12]

Die beiden Männer öffneten die Tür und schossen auf die Polizisten. Schließlich versuchten diese vergeblich, mit einem Panzerwagen die Türen der Garage wieder zuzudrücken, um die beiden mit Tränengas auszuräuchern. Die Belagerung dauerte schon über zwei Stunden, als ein Scharfschütze auf eigene Faust aus 75 Meter Entfernung einem der beiden Männer den Oberschenkel durchschoss.

Der zweite Mann ergab sich, es war der Kameramann Holger Meins. Der Angeschossene war Andreas Baader. Er kroch unter einen gestohlenen Iso Rivolta IR 300, einen mehr als 55 000 Mark teuren italienischen Sportwagen, von dem in Deutschland nur fünfzig zugelassen waren. Als Polizisten Baader aus der Garage schleppten, trug er noch seine Ray-Ban-Sonnenbrille. Nur zweieinhalb Wochen nach dem ersten Bombenanschlag der RAF waren ihre drei führenden Männer verhaftet.

Das Logo der RAF zierte – vor einem fünfzackigen Stern – eine Heckler & Koch Maschinenpistole MP 5. Waffen wurden der RAF zum Fetisch. Manche RAF-Männer zerlegten und reinigten ihre Waffe, als wäre es eine kultische Hand-

Festnahme von Holger Meins in Frankfurt, 1. Juni 1972.

lung. Baader sagte einmal: »Ficken und Schießen ist ein Ding.« Gleichzeitig sorgte das Gebot, stets eine Waffe zu tragen, für eine ständige Gefährdung. Als Gudrun Ensslin am 7. Juni 1972 in einer noblen Boutique am Hamburger Jungfernstieg einen weißen Shetland-Pullover anprobierte und dafür ihre Jacke ablegte, fiel der Verkäuferin deren hohes Gewicht auf. Als sie die Konturen einer Pistole ertastet hatte, rief ihre Chefin die Polizei. Die Festnahme von Ensslin war dann Formsache.

Zwei Tage, nachdem die wichtigste Organisatorin der RAF ausgeschaltet war, nahm die West-Berliner Polizei Brigitte Mohnhaupt, die Residentin der RAF in der Mauerstadt, zusammen mit einem Gefährten fest.[13] Die nächsten, die den Fahndern sechs Tage später ins Netz gingen, waren Ulrike Meinhof und Gerhard Müller. Ein Lehrer und Mitglied der Gewerkschaft Erziehung und Wissenschaft, bei dem sie übernachten wollten, hatte die Polizei informiert.

In der Jacke von Ulrike Meinhof fanden Polizisten einen Brief, zwei Seiten lang, mit einer Schreibmaschine eng beschrieben. Er stammte von der inhaftierten Gudrun Ensslin. Sie ordnete darin an, welche konspirativen Wohnungen geräumt werden sollten und wer jetzt welche Jobs zu übernehmen habe. Über ihre Verhaftung schrieb Ensslin: »Ich gepennt, sonst wäre jetzt eine Verkäuferin tot (Geisel), ich und vielleicht zwei Bullen, der Laden voll mit Bullen, am Rand der Straße drei Bullenautos, also echt unklar, ob ich weggekommen wäre.« Horst Mahler, der schon fast zwei Jahre in Berlin im Gefängnis saß, gab Durchhalteparolen aus: »Ihr lebt. Das zählt«, schrieb er an Ensslin. »Das, was schon bisher geleistet wurde, ist enorm, und das ist erst der Anfang.«

Nachdem im Juli Irmgard Möller und Klaus Jünschke in Offenbach verhaftet worden waren, saß im Sommer 1972 nahezu die gesamte RAF hinter Gittern. »Dass sie uns nicht kriegen«, hatte Ulrike Meinhof zwei Jahre zuvor gesagt, »das gehört sozusagen zum Erfolg der Geschichte.« Jetzt waren bis auf vier alle der mindestens 33 RAF-Mitglieder tot oder gefangen. Die RAF war auf ganzer Linie gescheitert. So schien es jedenfalls.

Die Bundesregierung Willy Brandts und besonders der liberale Innenminister Hans-Dietrich Genscher konnten nach der Verhaftungswelle erst einmal aufatmen. Beständig hatten Christdemokraten ihnen Untätigkeit vorgeworfen. »Müssen denn noch mehr Leute von Bomben zerrissen werden«, hatte CSU-Chef Franz Josef Strauß gepoltert, »bis bei uns einmal etwas geschieht?« Walter Scheel, liberaler Außenminister und Vizekanzler, erklärte im Sommer 1972 erleichtert: »Das Problem Baader-Meinhof ist erledigt.«

# Kapitel 4
# Der Kampf geht weiter

Wenn Marieluise Becker im Jahr 1973 ihren Mandanten Andreas Baader im Gefängnis Schwalmstadt besuchte, wurden zunächst ihre Tasche und ihre Unterlagen gründlich durchsucht. Dann musste die Heidelberger Anwältin sich bis auf die Unterhose und den BH ausziehen. Schließlich schaute eine Wachtmeisterin ihr vorne und hinten in den Slip. »Nach einer derart erniedrigenden Behandlung«, sagt Becker, »kam einem das Wort vom ›faschistischen Staat‹ leicht über die Lippen.«

So wie die Anwältin sahen es manche Linksradikale, nicht lange nachdem die Gründer der RAF im Sommer 1972 verhaftet und über die Gefängnisse der ganzen Republik verteilt worden waren. »Man glaubte allgemein«, erinnert sich Gerhart Baum, damals Staatssekretär im Bundesinnenministerium, »das Problem habe sich erledigt.«[1] Die Terrorgruppe erschien zu diesem Zeitpunkt nicht nur ihm als Irrläufer der bundesdeutschen Erfolgsgeschichte; eine kurze düstere Episode, die nun zum Glück abgehakt war.

Es sollte anders kommen, und dafür sorgten nicht zuletzt die harten Haftbedingungen der RAF-Mitglieder. Die meisten wurden innerhalb der Gefängnisse konsequent isoliert. Sie durften nicht an Gemeinschaftsveranstaltungen teilnehmen; waren beim Hofgang alleine. Kamen Verwandte oder Freunde zu Besuch, saßen BKA-Beamte dabei. Hinterher wurden gewöhnlich die Gefangenen und ihre Zellen durchsucht.

Besonders weit ging die Anstaltsleitung in Köln-Ossendorf. Zunächst wurde Astrid Proll in einem »toten Trakt« untergebracht. Sie saß allein in einem leer geräumten Gefängnisflügel. »Ich dachte zunächst, sie übertreibt das mit den Haftbedingungen und deren Auswirkungen«, erinnert sich Ulrich K. Preuß, damals ihr Anwalt, heute Professor an der Berliner Hertie School of Governance. »Doch sie war oft völlig desorientiert.« Preuß begann, über »sensorische Deprivation«, Reizentzug, zu forschen. Er war bald überzeugt, dass man diese durchaus als »Folter« bezeichnen könne.²

Nach Proll kam Ulrike Meinhof in die isolierte Zelle. Tag und Nacht brannte Neonlicht. Der Fenstergriff war abmontiert. Alles war weiß gestrichen. Die Journalistin war insgesamt 238 Tage dieser verschärften Variante der Einzelhaft unterworfen. Auch der Anstaltpsychologe räumte ein: »Der Eintritt von psychischen und psychosomatischen Störungen auf längere Sicht ist nicht zu vermeiden.«

Als »Folter äußersten, viehischen Grades, dem der menschliche Organismus nicht gewachsen ist«, klassifizierte Meinhof den »akustisch abgeschafften Tag-Nacht-Unterschied«. Sie schrieb über die Folgen ihrer Isolationshaft: »Das Gefühl, es explodiert einem der Kopf (das Gefühl, die Schädeldecke müsste eigentlich zerreißen, abplatzen); das Gefühl, es würde einem das Rückenmark ins Gehirn gepresst; das Gefühl, das Gehirn schrumpelt einem zusammen, wie Backobst.« Meinhof überkamen »Auschwitzphantasien« im toten Trakt: »Es stimmt einfach, dass da drin eine ›Exekution‹ stattfindet.«³

Die Linken wühlten solche Berichte über die Haftbedingungen auf. Solange die RAF-Mitglieder Banken überfielen, BMW und Daimler fuhren, Menschen umbrachten und Rechten wie dem CSU-Vorsitzenden Franz Josef Strauß in die Hände spielten, hatte die Szene kaum Sympathien für die RAF. Sie wurde als arrogante, militaristische Truppe abgelehnt. Jetzt im Knast erschienen die RAF-Mitglieder als Opfer des Staates und seiner Justiz, des – trotz aller Kritik an der Terror-Taktik – gemeinsamen Gegners.

Die RAF-Führung verwertete die harten Haftbedingungen für ihre Propaganda. Mit Schlagworten wie »Isolationsfolter« oder »Vernichtungshaft« ließ sich das Zerrbild vom »Neuen Faschismus« in der Bundesrepublik belegen. Gruppen wie die »Rote Hilfe« nahmen sich der »Politischen Gefangenen« an. Mithilfe von Anwälten entstanden in 23 Städten »Komitees gegen die Folter von politischen Gefangenen«, die mehrere Hundert jüngere Linksradikale anzogen. »Folterfreaks« wurden sie in der Szene genannt, sie besuchten die RAF-Gefangenen sowie deren Prozesse und waren »hart drauf«. Alle, die die Nachfolge von Baader und Meinhof antraten und dafür sorgten, dass die RAF 23 Jahre lang schießen und bomben würde, kamen aus diesen Gruppen.

Eine entscheidende Position nahmen die Anwälte der RAF-Gefangenen ein. Da sie ihre Mandanten ausgiebig besuchen konnten, waren sie die wichtigsten Verbindungsleute zur Außenwelt, insbesondere zu den »Illegalen«, den Kadern im Untergrund. Gleichzeitig sorgten die Anwälte mit einem »Info« für die Kommunikation der isolierten Gefangenen untereinander. Die zumeist jungen Anwälte standen unter hohem Druck.

Auf der einen Seite denunzierten konservative Politiker und die Springer-Presse sie pauschal als »Terroristenanwälte«; sie wurden standesrechtlich belangt und mit Strafverfahren überzogen. Auf der anderen Seite versuchten die RAF-Gefangenen, sie – teilweise erfolgreich – für ihre Propaganda einzuspannen oder für das Schmuggeln von Kassibern zu gewinnen. »Gudrun Ensslin«, sagt Ulrich K. Preuß, »machte einem mit ihrem totalen moralischen Anspruch schon dafür ein schlechtes Gewissen, dass man überhaupt noch in Freiheit war.«

Preuß und auch Otto Schily hielten stets Distanz zu ihren Mandanten, doch Kurt Groenewold, Klaus Croissant und andere übernahmen mehr und mehr deren fundamentalistisches Weltbild. Die Gefangenen dankten es ihnen allerdings nicht. Sie blickten auf ihre Verteidiger herab – wie auf alle, die nicht den bewaffneten Kampf aufnahmen. Als »Hosenscheißer«, schmähte Horst Mahler seine einstigen Kollegen; »Rattenanwälte« giftete eine RAF-Frau.

Die Psychologiestudentin Margrit Schiller war im Oktober 1971 verhaftet und wegen Mitgliedschaft in einer kriminellen Vereinigung verurteilt worden. Vier Monate nach ihrer Entlassung im Februar 1973 ging sie wieder in den Untergrund und traf in Rotterdam auf drei weitere Genossen. Die Wiederaufbaugruppe hatte nur ein Ziel: die RAF-Gründer zu befreien, allen voran Baader, Ensslin und Meinhof. Ohne diese, davon waren sie überzeugt, ohne ihre politische und praktische Erfahrung, ließe sich eine schlagkräftige Stadtguerilla nicht aufbauen.

Für eine Befreiungsaktion griffen die Neulinge auf eine alte Allianz zurück, die mit der palästinensischen Fatah, dem bewaffneten Arm der Palestine Liberation Organization (PLO) Jassir Arafats. In einem der PLO unterstehenden Lager in Jordanien hatten schon die RAF-Gründer schießen gelernt. Jetzt sollten zwei Palästinenser und zwei RAF-Leute in Amsterdam an Bord eines israelischen Flugzeugs gehen und es entführen. Das Kommando wartete nur noch auf das Startzeichen von Abu Hassan, einem Vertrauten von Jassir Arafat. Doch der zögerte die Aktion hinaus. Warum er sie hingehalten hatte, verstanden die RAF-Illegalen erst Anfang Oktober 1973 – als am Jom-Kippur-Tag ägyptische und syrische Truppen Israel angriffen.

Die Wiederaufbaugruppe nahm in Frankfurt mit dem Mann Kontakt auf, der die Bombenhülsen für die Attentatsserie vom Mai 1972 geschweißt hatte. Auch andere Unterstützer der ersten Generation wurden angesprochen.

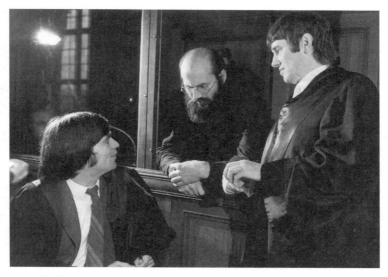

Anwalt Christian Ströbele, Angeklagter Horst Mahler, Anwalt Otto Schily im West-Berliner Kriminalgericht Moabit, um 1972.

Aus einem Depot holte die Gruppe ein paar Pistolen und Blanko-Dokumente, die Ulrike Meinhof gestohlen hatte.

Baader bombardierte die Anfänger aus dem Gefängnis heraus mit Anweisungen, wie sie vorzugehen hätten. Anwälte übermittelten seine Botschaften den Illegalen: »die gefangenen rausholen«, schrieb er, »solang ihr so schwach seid, alle kräfte auf diesen job konzentrieren.« Dafür schlug er eine Geiselnahme vor: »bundestagsabgeordnete – wo sie sich außerhalb bonns in ihren kreisen treffen – aber die richtige fraktion innerhalb der spd.« Besser noch: »spitze: biedenkopf, genscher, maihöfer.« Zudem regte er Anschläge auf den Bundesgerichtshof und Justizministerien der Bundesländer an, »die gebäude, in denen sie sitzen – natürlich am tag«. Nicht nur Baader, die gesamte RAF hatte inzwischen eine radikale Rechtschreibreform vollzogen und war zur konsequenten Kleinschreibung übergegangen. Alles Alte, so der revolutionäre Impetus der RAF, muss weg.

Die Aufbaugruppe aber, deren Mitglieder sich kaum kannten und wenig vertrauten, rieb sich in Diskussionen auf und geriet bald ins Visier von Verfassungsschützern. Diese observierten sie über Monate. In aller Ruhe fotografierten in Mülltonnen versteckte Agenten die RAF-Leute. Am 4. Februar 1974 stürmten Terrorfahnder in den frühen Morgenstunden in Hamburg und Frankfurt zwei konspirative Wohnungen und überraschten sieben RAF-Mitglieder im Schlaf; zwei weitere wurden in Amsterdam geschnappt. Es half nichts, dass manche von ihnen ihre Pistolen unter dem Kopfkissen liegen hatten. Der erste Versuch des Wiederaufbaus der RAF war gescheitert.

Die Polizisten stellten in den konspirativen Wohnungen eine umfangreiche Fachbibliothek sicher, mit Titeln wie »Der erste Treffer zählt« oder einem »Handbuch für den Heimfeuerwerker«. Sie beschlagnahmten zehn Pistolen, vier Maschinenpistolen und fünf Tretminen. Wie ein ganzer Stapel unverschlüsselter Kassiber der RAF-Gefangenen an die Illegalen zeigte, war Andreas Baader nun zum Motor der Truppe avanciert. Das von ihm vorherrschende Bild des unpolitischen Bohemiens in Samthosen, des ungebildeten Autoknackers und Waffennarren war stets überzeichnet, jetzt traf es nicht mehr zu.

Als Mann mit einem »hellen und schnellen Verstand« hat ihn die Anwältin Marieluise Becker in Erinnerung. Auch der damalige Anwalt Preuß sagt: »Baader war auch als Gefangener in Stammheim noch von imposanter Spannkraft.« Er habe Charisma gehabt und »exzellent militärische und politische Kräfteverhältnisse analysiert«. Seine Gefährtin Ensslin verherrlichte ihn: »der rivale, absolute feind, staatsfeind: das kollektive bewußtsein, die moral der erniedrigten und beleidigten, des metropolenproletariats – das ist andreas.«[4]

Als Ensslin neue Decknamen verteilte und sich dabei zum Teil der Figuren aus Herman Melvilles Roman »Moby Dick« bediente, bekam Baader den Decknamen »ahab«, nach dem besessenen Kapitän des Walfängers, der den weißen Wal durch die Weltmeere jagt und im Kampf gegen ihn zugrunde geht. Ahab, der sagt: »Ich würde selbst die Sonne schlagen, wenn sie mich beleidigt.«[5]

Die RAF-Häftlinge wollten für sich zunächst eine Behandlung wie die anderer Gefangener durchsetzen. Da die Anwälte mit allen Rechtsmitteln gescheitert waren, sahen die Häftlinge den Hungerstreik als einzige Möglichkeit, ihren Forderungen Nachdruck zu verleihen. Ihren dritten und längsten Streik begannen sie im September 1974. »wer seine lage erkannt hat – wie soll der aufzuhalten sein?«, hieß es zum Auftakt. »menschen, die sich weigern den kampf zu beenden, können nicht unterdrückt werden. sie gewinnen entweder oder sie sterben, anstatt zu verlieren und zu sterben.«

Rund vierzig Gefangene beteiligten sich an dem Hungerstreik, doch zeigten sich deutliche Risse in der Gruppe. Manche brachen den Hungerstreik ab. Horst Mahler hatte schon zuvor die RAF öffentlich kritisiert. Seine einstige Referendarin Monika Berberich gab daraufhin den Ausschluss des RAF-Gründervaters bekannt. Dass Problem mit Mahler sei, »dass er ein dreckiger, bürgerlicher chauvinist geblieben ist«. Er sei von Anfang an »nur ein bürgerliches wrack« gewesen.

»es werden typen dabei kaputtgehen«, hatte Baader vor Beginn des Hungerstreiks angekündigt. Er stellte allerdings sicher, dass er nicht dazugehören würde, und ließ sich gelegentlich von einem Verteidiger ein Brathähnchen mitbringen. Auch Ensslin und Meinhof aßen immer wieder. Gleichzeitig übermittelten Anwälte Baader das Gewicht der Hungernden, und er setzte diejenigen unter Druck, deren Gewichtskurven ihm zu langsam sanken.

Die Länderjustizminister und Bundesjustizminister Hans-Jochen Vogel reagierten auf den Streik mit der Anweisung zur Zwangsernährung. Die Gefangenen wurden festgeschnallt, man stieß ihnen einen Schlauch durch den Mund in den Magen und verabreichte ihnen Flüssignahrung. Manche Gefangene wehrten sich heftig gegen diese Tortur. Der CSU-Politiker Richard Stücklen fragte, »ob es dem Steuerzahler zugemutet werden kann, dass der Staat für die künstliche Ernährung selbst verschuldet leidender Staatsfeinde riesige Summen ausgibt«.

Als der Hungerstreik in die siebte Woche ging, besetzten in Hamburg 32 Aktivisten von »Anti-Folter-Komitees« aus der ganzen Republik die Zentrale von Amnesty International, um gegen die »Vernichtungshaft« zu protestieren. Bei der Räumung unterließ es die Polizei, die Personalien aller Besetzer festzustellen. So wurde erst viel später klar, dass zumindest folgende künftige Illegale der RAF darunter waren: Knut Folkerts, Ralf Friedrich, Wolfgang Grams, Monika Helbing, Christian Klar, Roland Mayer, Adelheid Schulz, Günter Sonnenberg, Volker Speitel, Willy Peter Stoll und Lutz Taufer.

Einen Tag nach der Amnesty-Besetzung schrieb Holger Meins einen Brief an einen RAF-Genossen, der beispielhaft das Schwarz-Weiß-Denken der RAF offenbarte: »entweder schwein oder mensch, entweder überleben um jeden preis oder kampf bis zum tod, entweder problem oder lösung, dazwischen gibt es nichts. (...) es stirbt allerdings ein jeder. frage ist nur, wie und wie du gelebt hast; und die sache ist ja ganz klar: kämpfend gegen die schweine als mensch für die befreiung des menschen: revolutionär, im kampf – bei aller liebe zum leben: den tod verachtend. das ist für mich: dem volk dienen – raf«.⁶

Eine Woche später bat Meins seinen Anwalt Siegfried Haag, ihn baldmöglichst zu besuchen. Als Haag am nächsten Tag im Gefängnis in Wittlich ankam, traf er auf einen Mann, der bei einer Körpergröße von 1 Meter 83 noch 39 Kilo wog. Meins war so geschwächt, dass er auf einer Trage ins Sprechzimmer getragen werden musste und nur noch flüstern konnte. Der Gefängnisarzt hatte ihm bei der Zwangsernährung schon eine Weile nur ein Drittel der überlebensnotwendigen Kalorienmenge verabreichen lassen und hatte sich ins verlängerte Wochenende verabschiedet. Die Hinzuziehung eines externen Arztes hatte der für die Haftbedingungen zuständige Richter Theodor Prinzing abgelehnt. Eine Stunde nachdem Haag seinen Mandanten verlassen hatte, war dieser tot. Meins wurde 33 Jahre alt. Zuvor hatte er geschrieben: »für den fall, dass ich in der haft vom leben in den tod komme, war's mord – gleich was die schweine behaupten werden.« Auf einer Pressekonferenz schlug Otto Schily in die gleiche Kerbe. Der Anwalt sagte, »dass die im Hungerstreik befindlichen Gefangenen in Raten hingerichtet werden«.

Stefan Wisniewski – Sohn eines polnischen Zwangsarbeiters, der in Nazideutschland fünf Jahre Lagerhaft überlebt hatte – gehörte in West-Berlin zu den Unterstützern des Hungerstreiks. Er stand gerade in einem Jugendzentrum auf einem Tisch und hielt eine Rede. »In dem Moment«, erinnerte sich Wisniewski später, »kam jemand rein und sagte: Der Holger ist tot. Mir – und nicht nur mir – sind die Tränen in die Augen geschossen.« Die Beerdigung von Holger Meins mit zu organisieren sei für ihn »die letzte legale politische Tätigkeit« gewesen.

Nicht nur für Haag und Wisniewski, für alle RAF-Mitglieder der zweiten Generation und die meisten der dritten Generation war der Hungertod von Meins das Schlüsselerlebnis. »Das war die Stunde der Wahrheit«, sagt Karl-Heinz Dellwo, der wenige Monate später in den Untergrund ging. »Ich empfand nur noch ohnmächtige Wut«, erinnerte sich seine damalige Freundin Susanne Albrecht, »nur noch Hass«.[7] Sie dachte, es könne nicht zugelassen werden, »dass hier noch mehr Gefangene sterben«.

Nie zuvor und nie mehr danach konnte die RAF so viele Menschen mobilisieren. Nach dem Tod von Meins marschierten trotz eines Demonstrationsverbots rund 5000 Linksradikale durch die West-Berliner City; es kam zu einer heftigen Straßenschlacht. Als Meins in Hamburg beigesetzt wurde, reiste auch Rudi Dutschke an, der einstige Kopf der Studentenbewegung. In seinem Tagebuch klagte er über die »RAF-Scheiße«, doch am offenen Grab von Meins erhob er den rechten Arm, ballte die Faust und sagte: »Holger, der Kampf geht weiter!«

In Heidelberg gingen nach dem Tod von Meins vier ehemalige Mitglieder des Sozialistischen Patientenkollektivs in den Untergrund. Einer von ihnen war der Student Ulrich Wessel, Sohn eines Hamburger Tropenholzmagnaten und Multimillionärs; ein anderer Siegfried Hausner, der bereits für die erste Generation der RAF Hilfsdienste geleistet hatte. Es gab nun eine neue Gruppe, die in einer konspirativen

Im Hungerstreik gestorbener Holger Meins, November 1974.

Wohnung in Frankfurt lebte. Sie hatte drei Pistolen, aber nicht einmal ein Auto.

Gleichzeitig machte Baader Druck: Es müsse endlich eine Befreiungsaktion laufen. Die Illegalen verfügten nicht über die Infrastruktur für eine Entführung und fassten daher den Plan, eine bundesdeutsche Botschaft zu besetzen, dabei Geiseln zu nehmen und so die Genossen freizupressen. Die Botschaften in Wien, Bern und Den Haag erschienen ungeeignet, die Wahl fiel auf Stockholm. Die Gruppe wusste um das hohe Risiko einer solchen Aktion ohne Rückzugsmöglichkeit, aber sie war zu allem bereit. »Wir müssen sie alle rausholen, wir müssen die Machtfrage stellen«, beschreibt das Kommandomitglied Karl-Heinz Dellwo ihre Einstellung. »Wir müssen die Staatsmacht brechen.«

Am Vormittag des 24. April 1975 betraten die sechs Mitglieder des »kommandos holger meins« in Zweiergruppen die Botschaft der Bundesrepublik in Stockholm, nahmen 14 Diplomaten und Angestellte als Geiseln und verbarrikadierten sich in der obersten Etage des viergeschossigen Kanzleigebäudes. Nachdem schwedische Polizisten in die unteren Stockwerke eingedrungen waren, forderten die Geiselnehmer deren Rückzug. Andernfalls würden sie den Militärattaché Andreas Baron von Mirbach erschießen. Die Polizei nahm die Drohung nicht ernst und ließ drei Ultimaten verstreichen. Die Terroristen schossen fünf Mal auf Mirbach und warfen den tödlich Verletzten die Treppe hinunter.

Als Nächstes versah das Kommando den mitgebrachten Sprengstoff mit Zündern und verlangte, dass 26 »politische Gefangene«, zum allergrößten Teil RAF-Mitglieder, freigelassen werden. Diese seien bis 21 Uhr auf dem Frankfurter Flughafen zu versammeln und auszufliegen; jedem seien 20 000 Dollar mitzugeben. Bundeskanzler Helmut Schmidt lehnte das ab. Zwei Monate zuvor hatte die anarchistische Bewegung 2. Juni in West-Berlin den CDU-Landesvorsitzenden Peter Lorenz entführt und die Freilassung von sechs inhaftierten Genossen gefordert. Während Schmidt mit hohem Fieber daniederlag, verständigten sich der Regierende Bürgermeister Klaus Schütz, der CDU-Vorsitzende Helmut Kohl und die anderen Mitglieder des Bonner Krisenstabes auf einen Austausch. Schmidt stimmte zu, bereute es nun aber. Für ihn war die Besetzung der Stockholmer Botschaft die Strafe für solche Nachgiebigkeit.

Die Mitglieder des Terror-Kommandos hatten die Devise: »Entweder wir kommen durch oder wir sterben.« Den Vorschlag des schwedischen Ministerpräsidenten Olof Palme – freier Abzug bei Freilassung der Geiseln – wiesen sie mehrmals zurück. Am Abend teilte der schwedische Justizminister den Geiselnehmern mit, dass die Bonner Regierung ihre Forderungen kategorisch ablehne. Die Botschaftsbesetzer erschossen daraufhin den Wirtschaftsreferenten Heinz Hillegaart und drohten, jede Stunde eine weitere Geisel zu töten. Doch ihnen war klar, dass sie gescheitert waren. Sie fühlten sich nicht mehr in der Lage, eine weitere Geisel zu erschießen. Sie kamen überein, ein letztes Ultimatum zu setzen. Falls auch dieses ignoriert würde, wollten sie die Botschaft, die Geiseln und sich selbst in die Luft sprengen. Um sechs Uhr morgens sollte die Frist ablaufen. Um kurz vor Mitternacht erschütterte eine Detonation das Botschaftsgebäude und eine Feuerwalze raste durch die oberste Etage. »Sprengen! Sprengen!«, brüllte einer der Besetzer. Er glaubte, der schon länger erwartete Angriff der Polizei habe begonnen. In Wahrheit war die Sprengladung ohne fremde Einwirkung explodiert – warum, ist bis heute ungeklärt.

Die meisten Geiseln erlitten Brandverletzungen. Das Kommandomitglied Siegfried Hausner stand in einer Tür und erlitt deshalb besonders schwere, lebensgefährliche Verbrennungen. Ulrich Wessel stürzte vornüber zu Boden. Ihm entglitt seine entsicherte Handgranate, explodierte zwei Meter vor ihm und tötete ihn. Den schwerstverletzten Hausner ließ die Bundesanwaltschaft ausliefern und in die Haftkrankenstation Stuttgart-Stammheim transportieren, obwohl diese für die Behandlung schwerer Verbrennungen nicht ausgestattet war. Dort starb er. »Denen musste doch mal gezeigt werden, dass es einen Willen gibt, der stärker ist als ihrer«, erklärte Bundeskanzler Helmut Schmidt. Die RAF war wieder auf dem Nullpunkt angelangt. Sie bestand – von den Gefangenen abgesehen – nur noch aus Stefan Wisniewski. Der sagte später: »Nach Stockholm stand ich quasi vor dem Nichts. Es gab noch ein paar Mark und zwei Pistolen, die aber auch nicht richtig funktionierten.«[8]

Jetzt ging Siegfried Haag in den Untergrund. Der Anwalt kam über den Tod seines Mandanten Holger Meins nicht hinweg. Ihn plagten Schuldgefühle. Als er Anfang Mai 1975 spurlos verschwand, hinterließ er eine Erklärung. In einem Staat, »dessen Funktionsträger Holger Meins und Siegfried Hausner hingerichtet haben«, werde er seine »Freiheit nicht bedrohen lassen« und den Anwaltsberuf nicht länger ausüben. »Es ist an der Zeit«, befand Haag, »im Kampf gegen den Imperialismus wichtigere Aufgaben in Angriff zu nehmen.«[9]

Zehn Tage nach Haags Verschwinden begann in Stuttgart-Stammheim die Hauptverhandlung gegen die seit Juni 1972 inhaftierte Führung der RAF. Zwar hieß es stets, bei der »Baader-Meinhof-Bande« handele es sich um gewöhnliche Verbrecher, doch für den Prozess war eigens eine düstere »Mehrzweckhalle« errichtet worden: mit acht Meter hohen Betonwänden und ohne Fenster. Sie wurde zum Sinnbild unmenschlicher Architektur im Westdeutschland der 1970er Jahre. Als das Gericht – nach fast dreijähriger Untersuchungshaft – die Hauptverhandlung gegen Andreas Baader, Gudrun Ensslin, Ulrike Meinhof und Jan-Carl Raspe am 21. Mai 1975 in diesem Bunker eröffnete, mussten Zuschauer und Journalisten ungekannte Sicherheitsmaßnahmen über sich ergehen lassen. Selbst Kugelschreiber und Uhren wurden konfisziert. Der Luftraum über dem Gefängnis und der Gerichtshalle war gesperrt worden. Der Bundestag hatte eilig ein Bündel von Sondergesetzen verabschiedet. Auf dieser Grundlage schloss das Gericht vier Anwälte, darunter Christian Ströbele, den heutigen Bundestagsabgeordneten der Grünen, wegen angeblichen Missbrauchs der Verteidigerrechte von dem Verfahren aus. Ströbele warf die Bundesanwaltschaft »Unterstützung einer terroristischen Vereinigung« vor, da er das fotokopierte »Info« mit Texten von RAF-Gefangenen an diese verteilt hatte. Zudem konnte auch ohne die Angeklagten verhandelt werden. Obwohl die Anklageschrift 354 Seiten umfasste, war es der Bundesanwaltschaft nicht gelungen, den Angeklagten ihre jeweiligen Tatbeiträge zuzuordnen. Sie hatten eisern geschwiegen. Ausgesagt hatten nur ein paar Randfiguren und Hilfskräfte. Die RAF-Führung versuchte zusammen mit ihren Anwälten, den Prozess in ein politisches Tribunal zu verwandeln und den »US-Imperialismus« anzuklagen. Sie beantragten beispielsweise, den Ex-US-Präsidenten Richard Nixon als Zeugen vorzuladen, weil er die völkerrechtswidrige Bombardierung Kambodschas angeordnet hatte.

Da der Vorsitzende Richter Theodor Prinzing die politischen Motive der Angeklagten keinesfalls zur Sprache kommen lassen wollte, verkam der Prozess schnell zu einem Kleinkrieg zwischen dem überforderten Vorsitzenden und den Verteidigern, allen voran Otto Schily. Der griff mit der ihm eigenen schneidenden Schärfe die Bundesanwaltschaft und das Gericht an.

Um die Angeklagten in der Nähe des Karlsruher Dienstsitzes der Bundesanwälte zu haben, war der siebte Stock des Gefängnisses in Stammheim zu einem Hochsicherheitstrakt umgebaut worden. Auch als Reaktion auf die Hungerstreiks wurden darin nun bis zu acht RAF-Gefangene versammelt. Die »Stammheimer«, wie sie in der RAF bald hießen, konnten sich täglich bis zu vier Stunden auf dem Flur des siebten Stockes treffen. Sie entwarfen neue Pläne, und Anwälte sorgten dafür, dass diese zu den Illegalen gelangten.

Um internationale Aufmerksamkeit zu erregen, bat Ulrike Meinhof den französischen Philosophen Jean-Paul Sartre, Baader in Stammheim zu besuchen und der Gruppe »den Schutz deines Namens« zu geben. Der kranke, fast völlig erblindete Schriftsteller reiste tatsächlich aus Paris an, aber glaubte, dass Baader in der fensterlosen Sprechzelle gehalten werde, in der er ihn getroffen hatte. Auf einer Pressekonferenz, bei der Dany Cohn-Bendit für ihn übersetzte, sagte Sartre über die RAF: »Diese Gruppe gefährdet die Linke. Sie ist für die Linke schlecht.« Ein Kommentator

Jean-Paul Sartre und Dany Cohn-Bendit nach ihrem Besuch in Stammheim am 4. Dezember 1974.

der »Frankfurter Rundschau« giftete dennoch: »Zu allem Überfluss muss der Rechtsstaat auch noch mit Verdächtigungen ausländischer Weltenrichter fertig werden.«[10]
Der wichtigste RAF-Mann im Untergrund war ab Frühjahr 1975 Siegfried Haag. Der Anwalt hatte schon den Stockholm-Attentätern geholfen, nun nahm er Verbindungen zur »Volksfront zur Befreiung Palästinas – Spezialkommando« (PFLP-SC) auf, die unter anderem vom Sowjetgeheimdienst KGB unterstützt wurde. Ende 1975 trafen Haag und die ersten Mitglieder einer neuen RAF-Gruppe in Aden ein, der Hauptstadt Südjemens. In einem Lager der PFLP-SC warteten bereits Verena Becker und Rolf Heißler, die bei der Lorenz-Entführung im März freigepresst worden waren. Sie kamen von der anarchistischen Bewegung 2. Juni. Aber da deren Aktivisten in Berlin verhaftet worden waren, schlossen sie sich der RAF an.

Eine zweite RAF-Aufbaugruppe hatte sich schon ab 1974 in Frankfurt formiert. Ihre treibende Kraft war Peter-Jürgen Boock. Im schleswig-holsteinischen Garding 1951 geboren, geriet er schnell in Konflikt mit seinem Vater, einem vormaligen Berufsoffizier und laut Boock »überzeugten Nazi«. Er flüchtet in eine niederländische Kommune, doch seine Eltern ließen ihn zur Fahndung ausschreiben. Er landete in einem hessischen Heim, aus dem ihm Baader, Ensslin und Proll 1969 zur Flucht verhalfen. Nachdem sie verhaftet worden waren, sagte sich Boock: »Sie haben mich rausgeholt, jetzt bin ich es ihnen schuldig, sie rauszuholen.«
»Er wollte mit allem möglichst auftrumpfen und immer der Größte sein«, beschrieb ihn Susanne Albrecht in einer Vernehmung. »Er hatte so eine schmierige Art, versuchte sich in einer gewissen Art einzuschmeicheln, aber guckte auf einen herab und vermittelte einem immer das Gefühl, dass man ein Nichts ist und er der King.« Boock sei, so Albrecht, »im wesentlichen Egoist«.[11] Neben Boocks Frau

Waltraud war noch Rolf Klemens Wagner dabei. Die Truppe hatte, so Boock, bereits bei rund zwanzig Banküberfällen mehr als eine halbe Million Mark erbeutet und sich rund fünfzig Schusswaffen verschafft.

Am Morgen des 9. Mai 1976 fanden Justizbeamte im siebten Stock des Stammheimer Gefängnisses die leblose Ulrike Meinhof. An einem in Streifen gerissenen Handtuch hing sie am Fenster ihrer Zelle. Die Journalistin war mit ihren Kräften am Ende gewesen. Sie war am längsten und härtesten der Isolationshaft im Gefängnis Köln-Ossendorf ausgesetzt gewesen. In Stammheim waren Konflikte in der Gruppe der RAF-Gefangenen, besonders zwischen Gudrun Ensslin und ihr, streckenweise zu Psychoterror eskaliert. Ensslin hatte Meinhof vorgeworfen, »die Prinzipien, also

Gefangene Ulrike Meinhof beim Hofgang, um 1974.

den Kampf, Deinen Fotzenbedürfnissen – dem Überleben – unterzuordnen«. Sie hatte auch an Meinhof geschrieben: »Na warte, die Kostüme der Müdigkeit, wie ich sie satt, wie ich sie gefressen habe... – die raunenden Pastoren, Pfadfinder, Tantchen, fressenden Weiber, Jüngelchen, uralte von Schminke erstickte, wesenlose Wesen – wie ich das satt habe: Hunger!... Bin ich im Kino oder was, Quäkerfilm, Suppenschildkröte, oder bin ich: Kampf!«[12]

Ensslin schrieb auch an Meinhof: »Das Messer im Rücken der RAF bist du, weil du nicht lernst...« Die Journalistin hatte schon Monate vor ihrem Tod an den Rand eines Zirkulars geschrieben: »Selbstmord ist der letzte Akt der Rebellion.« Davon ungerührt, erklärten ihre Mitkämpfer ihre Flucht in den Tod zum »staatlichen Mord«. Linksradikale in den westdeutschen Großstädten gingen am Abend auf die Straße. In West-Berlin plünderten sie Boutiquen. In Frankfurt warf ein Militanter einen Molotowcocktail in einen Polizeiwagen. Ein Polizist erlitt schwere Brandverletzungen. Mehr als 4000 Linksradikale gaben Meinhof in West-Berlin an einem heißen Frühsommertag das letzte Geleit. Am offenen Grab sagte ihr Verleger Klaus Wagenbach: »Was Ulrike Meinhof umgebracht hat, waren die deutschen Verhältnisse.«

Mitte des Jahres 1976 hatten sich gut zehn Deutsche bei der PFLP-SC in Aden versammelt. Auf Drängen der Palästinenser war Siegfried Haag zum »Leader« bestimmt worden, um mit den Gastgebern zu verhandeln. Er vereinbarte, dass die RAF-Aufbaugruppe in Westeuropa nicht erhältliche Waffen wie sowjetische Panzerfäuste bekommen und dafür die Palästinenser mit elektronischer Ausrüstung versorgen sollte. Vor allem aber erhielten die Deutschen eine militärische Ausbildung.

Das Camp aus britischen Kolonialzeiten lag auf einem Hügel am Rande der Wüste. Zwei jemenitische Soldaten hielten am Eingang Wache. Vor Sonnenaufgang standen etliche Kilometer Dauerlauf auf dem Programm, nach dem Frühstück Theorie oder auch mal das Auseinandernehmen eines Kalaschnikow-Schnellfeuergewehrs mit verbundenen Augen. Am Abend folgten Strategiediskussionen: Wie kann man die Stammheimer aus dem Knast holen? Die RAF war nun vollends auf sich selbst bezogen: Die Befreiung der Führung war das einzige Ziel.

Die Stammheimer hatten eine Liste mit Namen eines guten Dutzend möglicher Entführungsopfer aufgestellt, gegen die sie ausgetauscht werden könnten: Bundeskanzler Helmut Schmidt war dabei, der baden-württembergische Ministerpräsident Hans Filbinger, Mitglieder der Industriedynastien Quandt und Flick, der Flick-Geschäftsführer Eberhard von Brauchitsch, der Bankier Jürgen Ponto und Arbeitgeberpräsident Hanns Martin Schleyer.[13]

Unabhängig von Siegfried Haags Truppe und den Frankfurtern um Peter-Jürgen Boock hatte sich in Karlsruhe eine dritte Gruppe formiert, die den bewaffneten Kampf aufnehmen wollte: Knut Folkerts, Roland Mayer, Günter Sonnenberg, Christian Klar und dessen Freundin Adelheid Schulz. Sie hatten für selbstverwaltete Jugendzentren gekämpft, aber auch RAF-Gefangene im Knast besucht. Sie beteiligten sich an einem Hungerstreik vor dem Gebäude der Bundesanwaltschaft, fuhren nach Köln zu einer Demonstration gegen den »toten Trakt« und waren bei der Besetzung des Amnesty-Büros in Hamburg dabei. Nach dem Tod von Holger Meins begannen auch sie ernsthaft über den bewaffneten Kampf zu diskutieren.

Sie versuchten, mit der RAF in Kontakt zu kommen, aber das war sehr schwierig und dauerte lange. Als im Frühjahr und Sommer 1976 die Gruppe um Siegfried Haag vom Jemen nach Deutschland zurückgekehrt war, schlossen sich die Karlsruher ihr nach längeren Debatten an. Die »Förstergruppe«, wie sie intern aufgrund ihrer Schwarzwälder

Herkunft genannt wurde, hatte bereits eine Aktion ins Auge gefasst, die Ermordung von Generalbundesanwalt Siegfried Buback. Gemeinsam mit den Jemen-Rückkehrern erwogen sie zudem, einen reichen Industriellen zu entführen, um den ständigen Geldbedarf zu decken.

»Das Problem war«, sagt einer von ihnen, »dass die Stammheimer großen Druck gemacht haben, dass wir sie rausholen.« Aber zunächst habe man versucht, aus den Fehlern der RAF-Gründer zu lernen. Die Gruppe erkundete Ruheräume im europäischen Ausland, in Österreich, der Schweiz, Frankreich und den Niederlanden. Sie fand Wege, auf denen sich die Grenzen ohne Kontrollen überschreiten ließen.

Die Bundesrepublik war das gefährlichste Terrain. Als Siegfried Haag und Roland Mayer am 30. November 1976 in einem gestohlenen Opel Admiral unterwegs waren, brachten Zivilfahnder sie auf der Autobahn nahe dem hessischen Butzbach auf. Die beiden waren bewaffnet, ließen sich aber ohne nennenswerten Widerstand festnehmen. Andreas Baader nahm ihnen das sehr übel. Unangenehmer für die Illegalen war, dass Haag und Mayer brisante Dokumente im Auto liegen hatten: Strategiepapiere und Arbeitspläne. Von »Margarine« war darin die Rede, von »Big Money« und »Big Raushole«. Doch die Ermittler konnten die kodierten Aufzeichnungen nur zu einem kleinen Teil entschlüsseln.

Sie kamen nicht darauf, dass »Margarine« der Deckname für das Attentat auf den Generalbundesanwalt Siegfried Buback war; seine Initialen entsprachen dem Namen der populären Margarinemarke SB; »Big Money« sollte, so glaubte die Bundesanwaltschaft, der Deckname für die Entführung des Bankiers Jürgen Ponto sein. In Wirklichkeit stand er für das Kidnappen eines Industriellen, um mit einem hohen Lösegeld die Kriegskasse zu füllen. Das Kürzel »H. M.« entzifferte die Bundesanwaltschaft später als Hanns Martin Schleyer. Das ist auch falsch, da die Entführung des Arbeitgeberpräsidenten damals noch nicht geplant war.

Bei der Entschlüsselung der Decknamen machten die Ermittler einen fatalen Fehler. Sie identifizierten Johannes Thimme, einen ehemaligen Schulkameraden und Freund Christian Klars, als »Tim«. Thimme, der zwar die RAF unterstützte, aber ihr nie angehörte, saß dann unter anderem wegen »Mitgliedschaft in einer terroristischen Vereinigung« 22 Monate in strikter Einzelhaft. Später war er wegen des Verteilens eines Flugblatts, das zur »Solidarität mit der RAF« aufrief und als Werbung für eine terroristische Vereinigung gewertet wurde, zu anderthalb Jahren Haft verurteilt worden. Im Januar 1985 kam er in Stuttgart bei dem Versuch, eine selbstgebaute Bombe zu legen, zu Tode.

In Wahrheit war mit »Tim« nicht Thimme, sondern Peter-Jürgen Boock gemeint. Die Decknamen, von denen die Terrorfahnder nur drei entschlüsseln konnten, sind folgenden Mitgliedern der RAF zuzuordnen:
Anton: Rolf Klemens Wagner
Bodo: Günter Sonnenberg
Ede: Christian Klar
Egon: Siegfried Haag
Hans: Stefan Wisniewski
Inge: Waltraud Boock
Käthe: Friederike Krabbe
Karl: Rolf Heißler
Michael: Roland Mayer
Olga: Sieglinde Hofmann
Paula: Verena Becker
Tim: Peter-Jürgen Boock
Aus den Haag-Papieren hätten die Ermittler lernen können, dass für »Pappen basteln«, das heißt Dokumente fälschen, Boock zuständig war; oder dass Rolf Klemens Wagner

dafür kritisiert wurde, dass er mit einer Frau geschlafen hatte, die nicht zur RAF gehörte: »Kritik Anton (vögeln mit leg. Braut).«[14]

Der BKA-Präsident Horst Herold erklärte später dennoch: »Ende 1976 war das Ziel der informatorischen Überlegenheit über die RAF erreicht. Ende 1976 wussten wir mehr als diese über sich selbst.« In jedem Fall fehlte Herold und seinen Fahndern eine entscheidende Information. In Stammheim war zu dieser Zeit vor allem Gudrun Ensslin damit beschäftigt, eine Mitgefangene zu instruieren, die ihre Nachfolge antreten sollte. Es war Brigitte Mohnhaupt. Sie bekam den Auftrag, nach ihrer bevorstehenden Haftentlassung die Illegalen auf Vordermann zu bringen und eine Offensive zu starten, mit der die Bundesregierung endlich in die Knie gezwungen werden sollte.

Andreas Baader und Brigitte Mohnhaupt in Stammheim, 5. Juli 1976.

## Kapitel 5
## Die Offensive

Am 8. Februar 1977 öffnete sich in dem badischen Städtchen Bühl das Tor des Gefängnisses. In die Freiheit schritt eine 27 Jahre alte Frau, die der Bundesrepublik Deutschland den Krieg erklärt hatte: Brigitte Mohnhaupt. »Die RAF war für sie heilig; das war ihr Leben, ihre Überzeugung«, charakterisierte Susanne Albrecht später die Frau, die sie im Sommer 1977 im Untergrund kennenlernte. Mohnhaupt sei in der Gruppe »absolut dominant« gewesen und man habe gewusst, »dass sie alles, was sie sagte, absolut ehrlich meinte«. Albrecht erinnert sich: »Sie konnte nicht verstehen, dass man anders leben oder denken konnte.«[1]

Brigitte Mohnhaupt, die seit ihrer Haftentlassung im März 2007 in Süddeutschland lebt, war in Bruchsal aufgewachsen und 1967 nach München gegangen. Dort studierte sie Englisch, Geschichte und Zeitungswissenschaften. Sie wollte Journalistin werden. Zunächst durchaus dem Luxus zugetan und mit einem Adelsspross liiert, zog es sie bald in eine Münchner Kommune, in der mit Drogen, freier Liebe und Gemeinschaftseigentum experimentiert wurde. Mohnhaupt lernte Rainer Langhans und Uschi Obermeier kennen, die Medien-Ikonen der Jugendrevolte, doch das Pop-Paar war ihr zu unpolitisch. Mit anderen Studenten besetzte sie 1969 das Zeitungswissenschaftliche Institut der Münchner Universität, um gegen den Krieg der USA in Vietnam zu protestieren. Das Institut lag im Amerikahaus.

Im Frühjahr 1971 ging Mohnhaupt in den Untergrund. Als im Juni 1972 fast die gesamte erste Generation der RAF festgenommen wurde, schnappte die West-Berliner Polizei auch sie. Wegen Mitgliedschaft in einer kriminellen Vereinigung, Urkundenfälschung und unerlaubten Waffenbesitzes bekam sie eine Freiheitsstrafe von viereinhalb Jahren. Nachdem sich Ulrike Meinhof im Mai 1976 in Stammheim erhängt hatte, wurde Mohnhaupt in den Hochsicherheitstrakt im siebten Stock der Betonburg verlegt. Bevor sie nach Bühl überstellt wurde, saß sie in Stammheim ein halbes Jahr mit der RAF-Führung zusammen. Besonders Gudrun Ensslin machte es sich zur Aufgabe, Mohnhaupt als Bevollmächtigte der inhaftierten Führung aufzubauen. Sie und Baader waren seit Jahren unzufrieden mit ihren Nachfolgern im Untergrund. Die waren meist nach kurzer Zeit verhaftet worden und hatten kaum Aktionen zustande gebracht.

Mohnhaupt bekam eine intensive Schulung und präzise Aufträge. Nach ihrer Freilassung sollte sie als Erstes das Stuttgarter Anwaltsbüro von Klaus Croissant gründlich reorganisieren. Die Anwälte und zahlreiche Mitarbeiter, die mit der RAF sympathisierten, hatten eine zentrale Funktion für die Stammheimer. Sie waren das Band zwischen drinnen und draußen, überbrachten Botschaften und organisierten die Propaganda.

»Die Umstellung vom Knast zur Freiheit wirkte auf die sowieso schon nicht phlegmatische Mohnhaupt wie ein Aufputschmittel«, erinnerte später Volker Speitel, der vom wichtigsten Kurier der RAF zum inoffiziellen Kronzeugen gegen sie geworden war. »Sie konnte zwei Tage überhaupt nicht pennen, quasselte ununterbrochen.« Schon am ersten Tag wollte sie Klaus Croissant, den seine Mitarbeiter respektvoll »den Alten« nannten, aus seiner eigenen Kanzlei rausschmeißen. Mohnhaupt sprach selbst von einer »Säuberung«; die Mitglieder des Büros wurden von ihr vernommen und bekamen neue Jobs zugewiesen.

»Das Schlimmste an der Mohnhaupt«, lästerte Speitel, sei »ihre riesige Paranoia« gewesen. Sie entfachte »mehr als einmal« im Auto unterwegs kleine Feuer, um brisante Dokumente zu verbrennen, weil sie glaubte, der Wagen würde verfolgt.² Nachdem sie zwei Wochen lang bei den Unterstützern gewirbelt hatte, ging Mohnhaupt wieder in den Untergrund. Als Erstes traf sie Rolf Heißler, ihren früheren Freund aus Münchner Kommunezeiten, sowie Peter-Jürgen Boock. Zwischen ihr und dem einstigen Heimzögling Boock funkte es sofort. Innerhalb kürzester Zeit waren sie ein Paar und die neue Führung der Illegalen. Mohnhaupt hatte die ideologische Härte der RAF, war aber mit Waffen ungeschickt. Das wiederum war das Feld Boocks. Das Paar gründete seine Autorität nicht zuletzt darauf, dass sie die Einzigen der Gruppe waren, die Baader und Ensslin persönlich kannten und noch in Freiheit erlebt hatten.

Der Kopf der Doppelspitze war Mohnhaupt – was für die RAF nicht ungewöhnlich war. »Die Frauen hatten bei der RAF das Sagen«, sagt ein ehemaliger Terrorist. »Wir Männer waren nur für das Grobe und das Handwerk zuständig.« Eine geschlechtsspezifische Arbeitsteilung und Hierarchie existierte bei der RAF von Anfang an. Von der Gründung im Jahr 1970 bis zur ihrem Selbstmord im Mai 1976 hatte die Journalistin Ulrike Meinhof nahezu alle Texte für die RAF verfasst. Die moralische Instanz und zugleich die Finanzchefin der Gruppe war Gudrun Ensslin. An der ersten Aktion der RAF, der gewaltsamen Befreiung von Andreas Baader im Mai 1970, waren neben Ensslin fünf Frauen, aber nur ein Mann beteiligt.

War die erste Generation der RAF in der Mehrzahl noch männlich, so verkehrte sich das Verhältnis später: Im Dezember 1976 handelte es sich bei 15 der 28 vom Bundeskriminalamt gesuchten Terroristen um Frauen. Zumindest bis 1986 waren Frauen auf den Fahndungsplakaten stets stärker vertreten als die Männer.³ Die RAF nahm die Gleichberechtigung der Frau ganz ohne Quotierung vorweg. Als wollten sie das terroristische Feminat unterstreichen, überfielen im Sommer 1977 sieben RAF-Frauen in Essen eine Bank. Sie erbeuteten über 400000 Mark und flüchteten allesamt auf Fahrrädern.

Der Verfassungsschützer Hans Horchem wunderte sich bei der RAF über eine »personelle Zusammensetzung für die es kein Beispiel gibt«. Sein pensionierter Kollege Günter Nollau witterte »einen Exzess der Befreiung der Frau«.⁴ In der umfangreichen Literatur über die RAF ist das Frauenthema weitgehend ausgespart. Was die Gruppe in jedem Fall von der Gesellschaft unterschied, die sie bekämpfte: Lesben waren in ihren Reihen absolut akzeptiert. Die sexuelle Orientierung ihrer Mitglieder war in der RAF kein Thema.

Gudrun Ensslin hatte ihrer Nachfolgerin Mohnhaupt einen weiteren Auftrag erteilt: Sie sollte dafür sorgen, dass drei Schusswaffen und Sprengstoff nach Stammheim geschmuggelt würden, in das angeblich sicherste Gefängnis der Republik. Die Stammheimer hatten die irrwitzige Idee, Generalbundesanwalt Siegfried Buback als Zeugen in ihren Prozess laden zu lassen, ihn als Geisel zu nehmen und auszubrechen.

Beim Schmuggeln in das Stammheimer Gefängnis hatten Kuriere und Anwälte der RAF bereits Erfahrung erworben. Der Anwalt Arndt Müller hatte eine Minox-Fotokamera hineingebracht, mit der sich die Stammheimer unbemerkt fotografiert hatten.⁵ Heizplatten und elektronische Bauteile waren ebenfalls eingeschmuggelt worden. Peter-Jürgen Boock und andere zerlegten kleine Pistolen in ihre Einzelteile und versteckten sie in Aktenordnern. Sie leimten einen Teil der Akten zu einem soliden Block zusammen, schnitten einen Hohlraum aus, verstauten die Ladung darin und klebten Papierbögen darüber. Die Ordner ließen sich noch immer einigermaßen gut durchblättern. Die Wachbeamten taten das auch gelegentlich, doch sie bemerkten nichts.

Zur Übergabe des präparierten Ordners traf der Anwalt Arndt Müller in einer Besprechungszelle des Prozessgebäudes Gudrun Ensslin, die auch einen Aktenordner dabeihatte. Dort wurden die Ordner ausgetauscht. Müller wusste angeblich nicht, welch brisantes Gerät er seiner Mandantin mitbrachte. Von den Illegalen waren neben Mohnhaupt nur ihr Vertrauter Boock und Stefan Wisniewski, inzwischen der Dienstälteste im Untergrund, über die Waffentransporte informiert.

Ensslin war die Stimme der Stammheimer. Ein- bis zweimal pro Woche schickte sie an die Illegalen verschlüsselte Kassiber. Sie drängte darauf, dass die seit Monaten geplante Aktion »Margarine« endlich umgesetzt werden müsse. Wenn die Illegalen nicht schnellstens aktiv würden, drohte Ensslin, werde ihnen das Recht aberkannt, sich RAF zu nennen. Doch so weit sollte es nicht kommen.

Am 7. April 1977 morgens gegen 8 Uhr 30 beobachtete der Pächter einer Esso-Tankstelle in der Linkheimer Landstraße in Karlsruhe zwei Personen mit einem schweren Motorrad. Sie trugen olivgrüne Helme, und statt zu tanken, schraubten sie am Rücklicht der Suzuki GS 750. Vor allem aber beobachteten sie den Verkehr.

Kurz nach 9 Uhr kam ein dunkelblauer Mercedes mit drei Männern die Linkheimer Landstraße herunter und musste an der Einmündung zur Moltkestraße an einer Ampel halten. Vorne saß Generalbundesanwalt Siegfried Buback, neben ihm sein Fahrer Wolfgang Göbel, hinter Buback der Leiter der Fahrbereitschaft der Bundesanwaltschaft, Georg Wurster. Sie fuhren zur Arbeit.

Die beiden Motorradfahrer näherten sich dem Daimler von rechts hinten. Die Person auf dem Rücksitz zog aus einer Reisetasche ein Selbstladegewehr Heckler & Koch HK 43 und schoss in den Wagen; mindestens 15 Mal. Der Mercedes rollte führerlos über die Kreuzung, bis er an einem Poller zum Stehen kam: eines der düsteren Bilder des Jahres 1977. Die beiden Personen auf dem Motorrad rasten in Richtung Karlsruher Innenstadt davon. Ein RAF-Mitglied in einem Alfa Romeo wartete auf sie. Trotz der Ringfahndung, die die Polizei einleitete, konnten sie entkommen und fanden in einer konspirativen Wohnung in Mannheim Unterschlupf. Buback und Göbel erlagen noch am Tatort ihren Verletzungen; Wurster starb sechs Tage später.⁶

Die Kommandoerklärung schrieb Brigitte Mohnhaupt, unter Verwendung einer Vorlage der Stammheimer. Sie war gerade aus dem Nahen Osten in Amsterdam eingetroffen. »für akteure des systems selbst findet die geschichte immer einen weg«, hob sie an. »am 7. 4. 77 hat das kommando ulrike meinhof generalbundesanwalt buback hingerichtet.« Er sei »direkt verantwortlich für die ermordung« der RAF-Mitglieder Holger Meins, Siegfried Hausner und Ulrike Meinhof – Meins war im Hungerstreik gestorben, Hausner nach einem Transport mit lebensgefährlichen Verletzungen; Meinhof hatte sich in ihrer Zelle erhängt. In dem Bekennerschreiben, für dessen Verbreitung unter anderen Verena Becker sorgte, hieß es weiter: »wir werden verhindern, dass unsere fighter in westdeutschen gefängnissen ermordet werden, weil die bundesanwaltschaft das problem, dass die gefangenen nicht aufhören zu kämpfen, nicht anders als durch ihre liquidierung lösen kann.« Die Haftbedingungen der RAF-Gefangenen jedenfalls bestimmte nicht zuletzt der Generalbundesanwalt.

Die Ermordung Bubacks war die erste spektakuläre Aktion der zweiten Generation der RAF. Die erste Generation hatte 1970 dem Staat den Krieg erklärt, aber saß gut zwei Jahre später schon fast vollständig im Gefängnis. Während sie vor dem Hintergrund des Krieges in Viet-

Generalbundesanwalt Siegfried Buback vor seinem Amtssitz.

nam vor allem US-Einrichtungen angegriffen hatte, wurde für ihre Nachfolger der westdeutsche Justizapparat zum Hauptfeind.

Wenige Tage vor seinem Tod hatte Siegfried Buback seinen wichtigsten Partner im Kampf gegen die RAF besucht: Horst Herold, den Präsidenten des Bundeskriminalamtes. Bei Kaffee und Kuchen hatte der eine Reihe von Fotos gesuchter RAF-Mitglieder gezeigt und angemerkt: »Das sind unsere künftigen Mörder, Herr Buback.«[7] Dem Generalbundesanwalt war klar gewesen, dass er zu den gefährdetsten Personen der Republik zählte. Gudrun Ensslin hatte erklärt, dass er »den postfaschistischen Polizeistaat Bundesrepublik« verkörpere.

Buback wurde 1940 als Jurastudent in Leipzig Mitglied der NSDAP. Er fiel öffentlich erstmals auf, als er im Oktober 1962 als Staatsanwalt die Durchsuchung der SPIEGEL-Redaktionsräume leitete, die die SPIEGEL-Affäre auslöste. Rudolf Augstein sagte später, er sei »ja wirklich kein

Gentleman« gewesen.» Er saß auf meinem Stuhl, las meine SPIEGEL-Akten und trank mittags in der Kantine des Pressehauses zwei Schoppen Wein. Die hat er selbst bezahlt, immerhin.«[8] Bundeskanzler Helmut Schmidt sagte beim Staatsbegräbnis für Buback in Karlsruhe:» Die Schüsse sollten dem Rechtsstaat überhaupt gelten.« Horst Herold versprach am offenen Grab:» Ich bringe sie dir alle.«

Drei Wochen nach dem blutigen Attentat in Karlsruhe verkündete der Vorsitzende des 2. Strafsenats des Oberlandesgerichts Stuttgart am 28. April 1977 in der Stammheimer »Mehrzweckhalle« das Urteil gegen Andreas Baader, Gudrun Ensslin und Jan-Carl Raspe. Sie wurden jeweils zu einer lebenslangen Haftstrafe verurteilt. Doch der Prozess, der sich über fast zwei Jahre und 192 Verhandlungstage hingezogen hatte, war zu einer bösen Blamage für den Rechtsstaat geworden. Der Vorsitzende Richter Theodor Prinzing hatte, nachdem ihn seine Kollegen für befangen erklärt hatten, den Vorsitz niederlegen müssen, weil er mit einem für eine Revision zuständigen Richter am Bundesgerichtshof über das Verfahren gesprochen hatte. Vertrauliche Gespräche zwischen den Angeklagten und ihren Verteidigern waren illegal abgehört worden.

Fünf Tage nach dem Stammheimer Urteil erschien einer älteren Dame im Caféhaus Hanser, im Zentrum des südbadischen Städtchens Singen, ein junges Paar verdächtig. Die Rentnerin lief schnurstracks in das schräg gegenüber liegende Polizeirevier und erklärte, im Caféhaus Hanser frühstückten Terroristen. Kurz darauf kamen zwei junge Streifenpolizisten in das Café, doch das Paar erklärte, es habe seine Ausweise in seinem in der Nähe geparkten Wagen. Dass die beiden Polizisten einen fatalen Fehler gemacht hatten, als sie sich bereiterklärt hatten, gemeinsam zu dem Wagen zu gehen, merkten sie nach ein paar

Hundert Metern. Als einer der beiden Beamten nach seiner Dienstwaffe griff, war die Frau schneller, zog eine Pistole, schoss dem Polizisten in den Arm und schoss weiter, als er bereits auf dem Boden lag. Den zweiten Beamten traf der Komplize sechs Mal. Er überlebte schwer verletzt.

Das Paar rannte los und stoppte einen Opel Ascona. Als der Fahrer nicht aussteigen wollte, hielt der Mann ihm seine Pistole an die Schläfe und zog ihn aus dem Wagen. Doch die Flüchtenden kamen nicht weit und landeten, inzwischen von zwei Polizeiwagen verfolgt, auf freiem Feld in einer Sackgasse. Schließlich versuchten sie, zu Fuß zu entkommen, doch der Mann stürzte von einem Schuss in den Kopf getroffen nieder; die Frau wurde durch einen Schuss in den Unterschenkel verletzt und ergab sich.

Es dauerte noch etliche Stunden, bis die Polizei die Identität der beiden Festgenommenen geklärt hatte, doch dann konnte sie endlich einen dringend benötigten Fahndungserfolg bekannt geben. Bei der Frau handelte es sich um Verena Becker, 24; der Mann wurde zunächst fälschlich als Knut Folkerts, 27, identifiziert, es war jedoch Günter Sonnenberg, 22. Becker und Sonnenberg hatten in Essen Fahrkarten nach Zürich gelöst, wollten aber über die grüne Grenze in die Schweiz gelangen. Sie waren auf dem Weg zu einem Schweizer Sammler, der eine Kleinanzeige im »Deutschen Waffenjournal« aufgegeben hatte, und wollten Schusswaffen kaufen.

Dabei waren die beiden schon ziemlich gut gerüstet. Die Singener Polizisten fanden in einem Rucksack, den das Paar dabeihatte, zwei Revolver, drei Pistolen und vor allem das Heckler-&-Koch-Selbstladegewehr, mit dem Buback ermordet worden war. Becker hatte im Wagen versucht, damit auf die Verfolger zu schießen, doch war am Entsichern der Waffe gescheitert. Nachdem Becker das Gewehr im Auto zurückgelassen hatte, griff ein Polizist es sich und schoss sie damit an.

Die RAF-Illegalen blieben trotz der Verhaftungen schlagkräftig. Und die mit dem Buback-Attentat gestartete »Offensive 77«, wie RAF-Mitglieder später den Aktionszyklus dieses Jahres nannten, durfte nicht ins Stocken geraten. Die Stammheimer sollten endlich aus dem Gefängnis geholt werden. Zunächst wollten die Terroristen einen Bankier entführen – drei Namen standen auf der Liste. Falls das nicht ausreichen sollte, noch den Arbeitgeberpräsidenten Hanns Martin Schleyer. Mit diesem Doppelschlag sollte die Bundesregierung in die Knie gezwungen und ein Dutzend RAF-Gefangene freigepresst werden.

In Raunheim, zwischen Frankfurt und Wiesbaden, war bereits eine konspirative Wohnung angemietet, da erhielten die Illegalen von einem Kurier eine elektrisierende Nachricht. Die Hamburger Anwaltstochter Susanne Albrecht, die seit 1974 zum Anti-Folter-Komitee in der Hansestadt gehörte und die Freundin des Stockholm-Attentäters Karl-Heinz Dellwo gewesen war, hatte dem Kurier Volker Speitel erzählt, ihre jüngere Schwester Julia sei das Patenkind von Jürgen Ponto, dem Vorstandssprecher der Dresdner Bank; ihr Vater sei mit Ponto seit Studentenzeiten eng befreundet.

Ponto war einer der drei Bankiers, die auf der Liste der potenziellen Entführungsopfer der Illegalen standen. Er war Berater und Freund des Bundeskanzlers Helmut Schmidt. Jetzt sahen die RAF-Kader die Chance, ohne großes Risiko Ponto zu entführen, und schlugen Albrecht vor, zu ihnen in den Untergrund zu kommen.

Albrecht traf sich viermal mit Stefan Wisniewski, der sie noch aus seiner Hamburger Zeit kannte, und Sieglinde Hofmann, die für den Kontakt mit legalen Unterstützern zuständig war. Die beiden RAF-Kader forderten revolutionäre Konsequenz von Albrecht. Sie wolle doch auch die Stammheimer vor dem sicheren Tod retten. Außerdem erklärten sie ihr, dass Ponto – wenn sie nicht mitmache –

RAF-Mitglieder Peter-Jürgen Boock und Susanne Albrecht.

auf der Straße gekidnappt würde und dies blutig enden könnte. Susanne Albrecht hielt dagegen, dass sie dann sofort ganz oben auf der Fahndungsliste stehen würde. Doch der moralische Druck, die Gefangenen vor dem Tod zu retten, war stärker, Albrecht willigte schließlich ein, die Türöffnerin zu spielen.

Die 1951 in Hamburg geborene Sozialpädagogin, die heute in Norddeutschland lebt und Migrantenkindern Deutsch beibringt, war erstmals im Mai 1973 in Hamburg bei der Räumung eines besetzten Hauses festgenommen worden. Beamte eines Mobilen Einsatzkommandos warfen sie auf den Boden und banden ihr die Hände mit tief einschneidenden Fesseln auf dem Rücken zusammen. Sie war schockiert. Insgesamt sieben der Hausbesetzer gingen später zur RAF. Albrecht arbeitete zunächst in einem Solidaritätskomitee für die inhaftierten Hausbesetzer, schloss sich dem »Antifolterkomitee« in der Hansestadt an und wurde bald bei der Einreise aus den Niederlanden mit fünf Sprengzündern erwischt.

Kurz nach Pfingsten 1977 nahm Albrecht zum ersten Mal seit mehreren Jahren wieder Kontakt zu den Pontos auf. Von ihrer Mutter angekündigt, übernachtete sie bei ihnen. Einen Monat später tauchte sie wieder in Oberursel auf und unterhielt sich länger mit Corinna Ponto, der Tochter des Hauses. Beiläufig erkundigte sie sich dabei nach Alarmanlagen, Hauspersonal und Hunden. Eigentlich waren die Entführungen von Ponto und Schleyer für den Spätsommer geplant, doch es entstand unerwartet Zeitdruck. Albrecht telefonierte am 29. Juli 1977 mit Ignes Ponto, der Frau des Bankiers, und erfuhr, dass sie und ihr Mann am Abend des nächsten Tages zu einer längeren Reise nach Südamerika aufbrechen würden.

Nun ging alles sehr schnell. Am Mittag des nächsten Tages trafen sich die Mitglieder des Entführungskommandos in einer konspirativen Wohnung in Frankfurt. Susanne Albrecht, die Türöffnerin; Brigitte Mohnhaupt, die Chefin, wollte auch einmal an vorderster Front dabei sein; Boock, der etliche Jahre in Frankfurt gelebt hatte, war wegen seiner Ortskenntnis als Fahrer vorgesehen. Der Vierte war Christian Klar. Er war noch nicht lange bei der RAF, aber war sehr eifrig und wollte sich bei einer Aktion bewähren.

Die Gruppe hatte vergessen, Perücken zu besorgen, und musste dies noch schnell erledigen. Das Quartett traf deshalb um vierzig Minuten verspätet in Oberursel ein. Alle waren bewaffnet, aber Susanne Albrecht, so sagte sie später aus, hatte kurz vor der Abfahrt auf der Toilette klammheimlich die Patronen aus ihrem silberfarbenen Revolver genommen.[9] Sie wollten Ponto bedrohen und zum Mitkommen zwingen. In der Nähe stand ein VW-Bus bereit, mit dem sie den Bankier in die konspirative Wohnung in Raunheim transportieren wollten. Dort war eine fensterlose Kammer als Zelle vorbereitet. Für das Kommando galt die Devise: unter keinen Umständen schießen.

Albrecht meldete sich an der Gegensprechanlage mit den Worten: »Hier ist Susanne.« Der Fahrer und Hausverwalter öffnete nach Rückfrage bei den Pontos, die auf der Terrasse Tee tranken, das Tor. Er berichtete, dass Albrecht offensichtlich zusammen mit »zwei Herrschaften« komme. Als Frau Ponto fragte, wie diese den aussähen, sagte er: »Sehr manierlich.« Mohnhaupt trug ein elegantes gelbes Kostüm; Klar einen grauen Feincordanzug und ein weißes Hemd mit Krawatte; Albrecht einen braunen Rock und eine geblümte Bluse. Sie überreichte ihrem »Onkel Jürgen« in dessen Arbeitszimmer einen Strauß Heckenrosen. Klar zog seine Pistole und sagte Ponto, er werde jetzt entführt und solle widerstandslos mitkommen. Ponto antwortete erschrocken: »Sind Sie wahnsinnig geworden?«

Als der Bankier abwehrend seine Hände hob und einen Schritt auf Mohnhaupt zuging, verlor Klar die Nerven

Der von der RAF ermordete Vorstandsvorsitzende der Dresdner Bank Jürgen Ponto.

und schoss. Mohnhaupt drückte jetzt ebenfalls ab. Ponto wurde fünfmal getroffen, dreimal in den Kopf.[10]

Das Trio rannte in Panik aus dem Haus und sprang in den Fluchtwagen. Sie ließen den VW-Bus stehen und fuhren gleich zur konspirativen Wohnung nach Raunheim. Albrecht war von Weinkrämpfen geschüttelt; Boock brüllte Klar an: »Wie konntest du nur anfangen zu schießen!« Klar hatte bei seiner ersten Aktion versagt. Noch am gleichen Abend gab das Kommando die Wohnung auf. Sie schoben das spärliche Mobiliar auf einen großen Haufen und gossen reichlich Spülmittel darüber, in der Hoffnung, so Spuren zu beseitigen.

Sollten sie eingestehen, dass sie den Bankier eigentlich entführen wollten? Nein, entschied Brigitte Mohnhaupt, das wäre rufschädigend für die RAF. Sie schrieb eine Erklärung, in der es hieß, »dass diese typen, die in der dritten welt kriege auslösen und völker ausrotten, vor der gewalt, wenn sie ihnen im eigenen haus gegenübertritt, fassungslos stehen«. Es ging darum, das Neue gegen das Alte zu stellen, und das hieße: »den kampf für den es keine gefängnisse gibt, gegen das universum der kohle, in dem alles gefängnis ist.«[11] Susanne Albrecht wurde dazu gebracht, die Erklärung zu unterschreiben – ein einmaliger Vorgang in der Geschichte der RAF, deren Mitglieder sich sonst hinter dem Kollektiv verbargen.

Mit der hinterhältigen Ausnutzung der Gastfreundschaft, mit diesem Zivilisationsbruch, hatte die RAF einen Mindeststandard von Menschlichkeit und Moral aufgegeben. Der Ponto-Mord gilt deshalb heute auch ehemaligen Akteuren der zweiten RAF-Generation als Sündenfall. Offiziell hat sich die RAF nie selbstkritisch geäußert, doch Sigrid Sternebeck, die zusammen mit Albrecht in den Untergrund gegangen war, sagte aus: »Später einmal in Paris 1978 hat Brigitte Mohnhaupt in einem Gespräch mit mir zugegeben, dass es falsch war, bei der Aktion Ponto Susanne Albecht als ›Türöffner‹ zu benutzen.«[12]

Zwar übernahm auch die Bundesanwaltschaft, um die RAF-Mitglieder einfacher anklagen zu können, die Fiktion der RAF als demokratischem Kollektiv, doch in Wahrheit herrschte unter dem Druck der Illegalität eine harte Hierarchie. »Man wurde in diesen Diskussionen eigentlich menschlich zur Null gemacht«, sagte Susanne Albrecht aus.[13] »Ich fühlte mich innerlich so unwohl und so, ich weiß auch nicht. So als Nichts letztlich.« Sie sei es nicht gewohnt gewesen, dass immer zu ihr gesagt würde: »Na, was bist du eigentlich, was willst du eigentlich?« Bald traute sie sich nicht mehr, den Kadern zu widersprechen. Sigrid Sternbeck sagte aus: »Das mit der Gleichberechtigung war ein Anspruch, den sich die RAF gesetzt hatte und den alle gut fanden. Nur praktisch sah es ganz anders aus.«[14] Brigitte Mohnhaupt hatte im Prozess gegen Baader und andere in Stammheim ein ganz anderes Bild der Gruppe gezeichnet. »Wenn einer einen Führungsanspruch gehabt hätte«, sagte sie, »hätte er sich nur lächerlich gemacht.« Und: »Guerilla ist eine Hydra. Das heißt, sie kriegt immer neue Köpfe.«

Im Sommer 1977 hatten die Illegalen keine Zeit, sich lange mit der gescheiterten Entführung Pontos oder ihrer Gruppenstruktur zu beschäftigen. Seit über vier Jahren hatten RAF-Kader versucht, eine schlagkräftige Truppe und die entsprechende Logistik aufzubauen, um die Stammheimer freizupressen. Immer wieder war der Wiederaufbau gescheitert. Jetzt musste es Schlag auf Schlag weitergehen. Vor allem weil Gudrun Ensslin unentwegt Aktionen forderte, planten die Illegalen kurzfristig einen Anschlag.

Drei Wochen nach dem Mord an Jürgen Ponto besuchte ein junges Paar in Karlsruhe einen Künstler und seine Frau, die gegenüber der Bundesanwaltschaft wohnten. Sie wollten ein Bild kaufen, sagten sie, doch dann zogen sie ihre Pistolen und fesselten das Ehepaar. Weitere Mitglieder des Kommandos schleppten Teile einer kleinen Stalinorgel in die Wohnung und montierten die 42 Abschussrohre. Die

Höllenmaschine ging nicht los, weil Peter-Jürgen Boock, der Cheftechniker der Gruppe, den Wecker für den Zündmechanismus nicht aufzog. Andernfalls hätte es ein Blutbad unter den Bundesanwälten und Justizangestellten geben können. Neun Tage später wurde der gescheiterte Anschlag in einer Erklärung zu einer »Warnung« umdefiniert. Aber die Terrorfahnder des BKA rechneten längst damit, dass die RAF erneut zuschlagen würde; nur wann und wo, war ihnen nicht klar. Sie wussten nicht, dass die Illegalen der RAF Ende August 1977 eine vertrauliche Warnung an ihre Unterstützer ausgaben: »Meidet den Großraum Köln.«

## Kapitel 6
## Aktion »Spindy«

Andreas Geyr saß zwei Tage vor seinem zehnten Geburtstag in seinem Zimmer in der Kölner Vincenz-Statz-Straße 12. In der Hochparterre-Wohnung machte er unter Anleitung seiner Mutter Hausaufgaben. Mathematik. Es war der 5. September 1977 um 17 Uhr 28. Der Junge hörte erst einen Schuss, dann eine Salve von Schüssen. »Da bin ich erst mal rausgerast«, gab er kurz darauf bei der Polizei zu Protokoll, »auf die Straße.«

Ein paar Schritte von der Haustüre entfernt sah er in der Mitte der Fahrbahn »zwei Erwachsene, die eine Person zogen«. Hinter ihnen und vor ihnen liefen jeweils ein weiterer Erwachsener. »Der gezogene Mann versuchte sich zu wehren«, sagte er aus. »Der Mann konnte nicht richtig laufen, er trippelte.« Als seine Mutter ihn eingeholt hatte, rief Andreas Geyr: »Mami, Mami, da wird ein Film gedreht. Da führen die gerade einen ab.«

Nein, die Filme wurden später gedreht. Bei dem trippelnden Mann handelte es sich um Hanns Martin Schleyer, den Präsidenten des Bundesverbandes der Deutschen Industrie und der Bundesvereinigung der Deutschen Arbeitgeberverbände. Die vier Erwachsenen, die ihn abführten, waren das »kommando siegfried hausner« der Roten Armee Fraktion. Auf der Vincenz-Statz-Straße standen zwei von Schüssen zersiebte Limousinen: ein blauer Mercedes 450 SEL und, auf ihn aufgefahren, ein weißer Mercedes 280 E. Der Fahrer in dem blauen Mercedes war über dem Steuer zusammengesunken. Neben dem weißen Wagen lag ein Polizist auf dem Bürgersteig, bei ihm eine Maschinenpistole und eine Pistole. In dem weißen Daimler lagen zwei weitere Polizisten. Sie bewegten sich nicht mehr. Gerichtsmediziner der Universität Köln stellten später fest: Schleyers Fahrer Heinz Marcisz, 41, hatte fünf Schüsse abbekommen. Polizeimeister Roland Pieler, 20, war von 21 Schüssen getroffen worden, der Polizeimeister Helmut Ulmer, 24, von 26 Schüssen. Der Polizeihauptmeister Brändle, 41, hatte insgesamt sechzig Schussverletzungen erlitten. Ein Blutbad. Der Fahrer und die drei Polizisten des Landeskriminalamtes aus Stuttgart waren innerhalb von Minuten tot. Und Schleyer war Gefangener der RAF.

Hanns Martin Schleyer zählte zu den Personen, die durch die RAF am stärksten gefährdet waren. Schon ein Jahr zuvor, im Sommer 1976, als rund zehn RAF-Kader im Jemen beratschlagten, wie sie die »Big Raushole« organisieren könnten, setzten sie ihn auf die Liste möglicher Entführungsopfer. Mit zynischem, RAF-typischem Humor gaben sie dem fülligen Genussmenschen Schleyer den Decknamen »Spindel«, neudeutsch »Spindy«. Ende Juli 1977 rief Bundesinnenminister Werner Maihofer Schleyer im Urlaub an. Für ihn gelte jetzt die höchste Gefahrenstufe I, teilte ihm der FDP-Politiker mit: »Erheblich gefährdet. Mit einem Anschlag ist zu rechnen.« Er möge sich bitte an das Bundeskriminalamt wenden. Kurz vor seiner Entführung waren Schleyer Personenschützer zugeteilt worden.[1]

Zu diesem Zeitpunkt hatten RAF-Kader ihn schon ausgespäht. Ende April 1977 studierte Willy Peter Stoll unter falschem Namen im Hamburger Weltwirtschaftsarchiv Presseausschnitte über Schleyer. Sieben Wochen später kam er zusammen mit einem weiteren RAF-Mann wieder. Die beiden lasen, dass ein »Stern«-Reporter Schleyer »Boss der Bosse« genannt hatte. Mit Zigarre im Mund und den Schmissen seiner Mensur bei einer schlagenden Verbindung im Gesicht wirkte er wie das Klischee eines Kapitalisten. Er hatte Hunderttausende von Arbeitern bei einem Streik aussperren lassen und war ein Gegner der Mitbestimmung. Gewerkschafter von der IG-Metall nannten ihn einen »absoluten Scharfmacher«.

Die RAF-Rechercheure mussten allerdings feststellen, dass bei dem 1915 geborenen Schleyer – wie bei vielen Männern seiner Generation – die offiziellen biografischen Angaben für die Jahre 1933 bis 1945 verdächtig dünn ausfielen. In Tat und Wahrheit war Schleyer im Juli 1931 in die Hitlerjugend eingetreten, 1933 in die SS (Mitgliedsnummer 227014) und 1937 in die NSDAP (Mitgliedsnummer 5065527). »Ich bin alter Nationalsozialist und SS-Führer«, hatte er 1942 an den Reichsinnenminister geschrieben, kurz bevor er in Prag zum Leiter des »Präsidialbüros des Zentralverbandes der Industrie für Böhmen und Mähren« ernannt wurde. Dort war der ehrgeizige SS-Offizier vor allem für die Organisation der Rüstungsproduktion zuständig und zog mit seiner Frau Waltrude in eine Villa im Diplomatenviertel. Das Haus hatte dem jüdischen

Von der RAF erschossene Polizisten Reinhold Brändle, Roland Pieler und Helmut Ulmer, um 1976.

Ehepaar Waigner gehört. Emil Waigner kam im Februar 1942 im KZ Mauthausen um, Marie Waignerová wurde in Auschwitz ermordet. Die Miete ging an einen Fonds, der dem Holocaust-Organisator Adolf Eichmann unterstand. Waltrude Schleyer erinnerte sich 2003 nur noch sehr dunkel an den Einzug ins vormalige »Judenhaus«: »Das wurde uns dann angeboten. Ich weiß auch nicht mehr, wie das richtig vor sich gegangen ist. Wir haben dann plötzlich drinnengewohnt.«[2]

Bei der Entnazifizierung stufte Schleyer sich klammheimlich um drei SS-Dienstränge herab – vom Untersturmfüher zum Oberscharführer – und schaffte es mit dieser und anderen Lügen, als minderbelasteter Mitläufer klassifiziert zu werden. Seine steile Karriere nach dem Krieg begann er als Referent bei der Industrie- und Handelskammer Baden-Baden, bevor er zur Daimler-Benz AG wechselte. In deren Vorstand rückte er 1959 auf. Nachdem er 1973 zum Präsidenten der Bundesvereinigung Deutscher Arbeitgeberverbände (BDA) gewählt worden war, pendelte er mit einem Daimler-Firmenjet zwischen Stuttgart und Köln.

Da mindestens sieben RAF-Mitglieder Schleyer ausspähten, fanden sie schnell heraus, dass er montags gewöhnlich in seinem BDA-Büro in Köln arbeitete und in seiner dortigen Wohnung übernachtete. Als ihn eine Sekretärin einmal beim Verlassen des Büros fragte, was er denn noch vorhabe, sagte er: »Wo soll ich denn hin? Ich gehe nach Hause und schließe mich dort ein.«[3]

Nachdem die Entscheidung gefallen war, die Entführung in Köln zu versuchen, mieteten vier RAF-Frauen dort vier konspirative Wohnungen an. Sie lagen vorwiegend in anonymen Hochhäusern in der Nähe von Autobahnen und verfügten über Lift sowie Tiefgarage. RAF-Männer stahlen und kauften sechs Autos. Beinahe wäre noch alles aufgeflogen, als Brigitte Mohnhaupt und Adelheid Schulz am 3. September die Fahrstrecke Schleyers abklärten. Ein

RAF-Hilfskräfte bei der Schleyer-Entführung: Fahndungsfoto von Angelika Speitel, vorne am Steuer, dahinter Beifahrerin Silke Maier-Witt.

Anwohner, dem die beiden Frauen verdächtig vorkamen, rief bei der Polizei an. Die zwei Beamten aber, die dem Hinweis nachgehen sollten, ließen sich von den RAF-Frauen erzählen, dass ihr Alfa Romeo defekt sei. Bei der Überprüfung ihrer Ausweise streikte der Computer im Präsidium. Die Polizisten – ganz Kavaliere – eskortierten die Damen in die nächste Werkstatt.[4]

In der Nacht zum 5. September 1977 trafen sich sechs RAF-Kader zur entscheidenden Diskussion. Sie saßen auf Luftmatratzen auf dem Fußboden. Ansonsten war der Raum in der sechsten Etage eines Hochhauses bis auf ein Radio und eine Lampe leer. Die Stammheimer hatten erneut mit Selbstmord gedroht, wenn die Aktionen für ihre Befreiung nicht bald anlaufen würden. Mohnhaupt gehörte nicht zum Kommando, da sie sich bei der Anreise aus Süddeutschland verspätet hatte. Rolf Heißler meldete Bedenken gegen das Erschießen von Schleyers Begleitern an. Man solle sich mehr Zeit lassen, argumentierte er, und nach einer Möglichkeit suchen, Schleyer unblutig zu entführen. Er konnte sich nicht durchsetzen; an seine Stelle im Kommando trat Boock. Der sagte später bei einer Vernehmung, die Atmosphäre sei »gespenstisch« gewesen: »Alle Beteiligten waren sich der Ungeheuerlichkeit des von uns Geplanten bewusst.«[5] Als Boock gegenüber Genossen 1979 diese »Mitternachtsdiskussion« als »unsere Wannseekonferenz« bezeichnete, wollte ihn ein Genosse verprügeln.

Das Entführungskommando bestand nun aus Peter-Jürgen Boock, Sieglinde Hofmann, Willy Peter Stoll und Stefan Wisniewski. Letzterer hatte als dienstältester Illegaler die Führung des Kommandos. Sie besprachen alle Einzelheiten und Eventualitäten. Auf Packpapier skizzierten sie den vorgesehenen Entführungsort und spielten mit Zigarettenschachteln als Autos verschiedene Szenarien durch.

Am Nachmittag des nächsten Tages observierten Angelika Speitel und Adelheid Schulz den Sitz des Arbeitgeberverbandes. Als Schleyer und seine Begleiter gegen 17 Uhr 10 losfuhren, riefen sie in einem Café an, in dem das Kommando wartete, und gaben die Parole für den Start der Aktion durch: »Mendocino«. Jetzt fuhr Stefan Wisniewski einen gelben Mercedes in eine Einfahrt in der Vincenz-Statz-Straße. Boock, Hofmann und Stoll postierten sich gegenüber auf dem Bürgersteig. Die auffälligen Gewehre transportierten sie in einem Kinderwagen versteckt. Als der Wagen mit Schleyer und das Begleitfahrzeug in die Einbahnstraße einbogen, stoppte Wisniewski sie, indem er mit seinem Daimler schnell auf die Straße zurücksetzte. Schleyers Fahrer bremste so scharf, dass das Begleitfahrzeug mit den drei Polizisten auf seinen Wagen auffuhr.

Dies ist der Moment, in dem das Inferno losbricht. Die vier RAF-Kader schießen aus allen Rohren. Stoll springt, entgegen allen Absprachen, auf die Motorhaube des Begleitfahrzeugs und schießt so lange mit einer polnischen Maschinenpistole Makarov in das Innere, bis das Magazin leer ist. Die Schießerei dauert etwa neunzig Sekunden. Es fallen mehr als hundert Schüsse. Wisniewski und Hofmann ziehen den auf wundersame Weise unverletzten Schleyer aus dem Wagen und bringen ihn in einen VW-Bus, den sie an der nächsten Ecke abgestellt haben. Boock rast mit dem Bully teilweise auf dem Bürgersteig entlang und entkommt so mehreren Autos, die ihnen folgen. Hofmann, eine ehemalige Medizinstudentin, spritzt Schleyer ein Betäubungsmittel. Er bleibt bei Bewusstsein, aber ist stark benommen.

Die Kommandomitglieder fahren in die nahe gelegene Tiefgarage des Wohnkomplexes, in dem sie die Entführung in der Nacht zuvor geplant hatten. Aber sie steigen nur schnell in einen Daimler um. Damit Schleyer, den sie in den Kofferraum stecken, nicht zu fliehen versucht, legt sich Wisniewski zu ihm. In dem abgestellten VW-Bus hinterlassen sie ihre erste Botschaft: »an die bundesregierung: sie werden dafür sorgen, dass alle öffentlichen fahndungsmaßnahmen unterbleiben – oder wir erschießen schleyer sofort, ohne dass es zu verhandlungen über seine freilassung kommt. raf«[6]

Die nächste Station der Entführer ist die Tiefgarage des fünfzehngeschossigen Neubaukomplexes Am Renngraben 8 in Erftstadt-Liblar gut zwanzig Kilometer südwestlich des Kölner Stadtzentrums. Erst spät nachts, als es ganz ruhig ist im Haus, führen sie Schleyer in die Wohnung in der dritten Etage, die für seine Gefangenschaft vorbereitet ist. Ein großer Einbauschrank ist mit dickem Schaumstoff ausgekleidet, in seinem Inneren ist eine Kette angebracht.

Als Schleyer in seinem Gefängnis ankommt, hat Bundeskanzler Helmut Schmidt sich bereits mit einer Fernsehansprache an die Öffentlichkeit gewandt. »Während ich hier spreche«, sagt er in der von ARD und ZDF ausgestrahlten Rede, »hören irgendwo sicher auch die schuldigen Täter zu. Sie mögen in diesem Augenblick ein triumphierendes Machtgefühl empfinden. Aber sie sollen sich nicht täuschen.« Der Terrorismus, erklärt der Kanzler, habe auf die Dauer keine Chance.»Denn gegen den Terrorismus steht nicht nur der Wille der staatlichen Organe, gegen den Terrorismus steht der Wille des ganzen Volkes.«[7]

Am Tag nach der Entführung findet ein Dekan in Wiesbaden eine Erklärung in seinem Briefkasten. Darin fordert die RAF die Freilassung von elf inhaftierten Mitgliedern: »andreas baader, gudrun ensslin, jan-carl raspe, verena becker, werner hoppe, karl-heinz dellwo, hanna krabbe, bernd rößner, ingrid schubert, irmgard möller, günter sonnenberg.« Die Gefangenen seien bis Mittwoch früh um 8 Uhr auf dem Flughafen in Frankfurt zusammenzubringen. »um 10 vormittags wird einer der gefangenen das kommando in direktübertragung durch das deutsche fernsehen über den korrekten ablauf ihres abflugs informieren.« Und: »jedem der gefangenen werden 100 000 dm mitgegeben.«[8] Die erste Erklärung des »kommandos siegfried hausner« beendet Brigitte Mohnhaupt mit dem Satz: »wir gehen davon aus, das schmidt, nachdem er in stockholm demonstriert hat, wie schnell er seine entscheidungen fällt, sich bemühen wird, sein verhältnis zu diesem fetten magnaten der nationalen wirtschaftscreme ebenso schnell zu klären.« Beigelegt sind ein Polaroidfoto des gefangenen Schleyer und ein Familienfoto, das er dabeihatte.

Helmut Schmidt entschied in der Tat schnell. Eine Freilassung kam für ihn nach der brutalen Entführungsaktion unter keinen Umständen infrage. Der Staat, davon war er überzeugt, darf sich nicht von Terroristen erpressen lassen. Unter vier Augen sprach der Sozialdemokrat mit dem CDU-Oppositionsführer Helmut Kohl und versicherte sich dessen Unterstützung für seine harte Linie. Nicht lange vor Mitternacht trat zum ersten Mal der Große Krisenstab zusammen, Schmidt, der Justiz- und der Innenminister, drei Staatssekretäre, Regierungssprecher Klaus Bölling, die vier

Ministerpräsidenten der Länder, in denen RAF-Mitglieder inhaftiert waren, die Vorsitzenden und Fraktionsvorsitzenden der vier im Bundestag vertretenen Parteien, Generalbundesanwalt Kurt Rebmann und BKA-Chef Herold, der für Schmidt zum wichtigsten Berater wurde. Nach anderthalb Stunden Berichten und Diskussion fasste der Kanzler den Konsens zusammen: Schleyer soll befreit und die Entführer verhaftet, die RAF-Gefangenen nicht freigelassen werden.

Schmidt und Herold verstanden den Angriff der RAF instinktiv als Krieg. Sie hatten als junge Männer den Zweiten Weltkrieg überlebt: Schmidt zum Beispiel den Horror der Ardennenoffensive, Herold die mörderische Panzerschlacht bei Kursk. »Wir hatten alle die Kriegsscheiße hinter uns«, sagte Schmidt später. »Der Krieg war eine große Scheiße, aber in der Gefahr nicht den Verstand zu verlieren, das hat man damals gelernt.« Auch Krisenstabsmitglied Friedrich Zimmermann, später Bundesinnenminister,

Bundeskanzler Schmidt und Arbeitgeberpräsident Schleyer im Mai 1977.

meinte: »Der Leutnant Zimmermann, der Oberleutnant Schmidt und der Oberleutnant Strauß wussten, was Krieg war.«[9]

Schmidt will zunächst Zeit gewinnen. Die Entführer sollen erst einmal ein neues Lebenszeichen von Schleyer beibringen. Gleichzeitig startet Herold die größte Fahndungsaktion der deutschen Polizeigeschichte. Er selbst geht in der BKA-Niederlassung in Bad Godesberg in Stellung; der Leiter der BKA-Abteilung »Terrorismusbekämpfung« quartiert sich mit seiner mit rund 150 Beamten ausgestatteten »SoKo 77« im Kölner Polizeipräsidium ein. Herold lässt gleich drei Zentrale Einsatzleitungen bilden. Statt der eingespielten Polizeiapparate der Länder hat jetzt das Bundeskriminalamt das Sagen.

Anderthalb Tage nach der Entführung meldete ein Polizist, dass eine junge Frau für eine vor Kurzem vermietete Wohnung in Erftstadt-Liblar die Kaution in bar bezahlt hatte – so wie es die RAF-Logistiker gerne taten. Er machte die Leitung der Schutzpolizei des Kreises darauf aufmerksam, aber die beachtete den Hinweis nicht weiter. Zwei Tage später schickte die Polizeiführung des Kreises dann einen Hinweis auf die Wohnung, in der Schleyer saß, an das Kölner Polizeipräsidium. Nichts passierte. Weitere zwei Mal bekam die Sonderkommission den Hinweis auf die Wohnung in Erftstadt, doch niemand kam auf die Idee, den Namen der Mieterin bei der Datenbank Pios (Personen, Institutionen, Objekte, Spuren) abzufragen. Wäre das geschehen, hätten die Ermittler sofort erfahren, dass die Frau, auf deren Namen, ohne ihr Wissen, die Wohnung gemietet war, aus der linken Szene kam.

»Man kann sich nicht auf den Computer verlassen«, sprach Schleyer eine Woche nach der Entführung auf ein an Helmut Kohl gerichtetes Tonband. »Man muss den Computer durch menschliche Hirne speisen, wenn man von ihm richtige Erkenntnisse erwartet.«[10] Erst rund acht Wochen später, als die Polizei Erftstadt am 8. November erneut auf die Wohnung aufmerksam machte, rückten Experten des Grenzschutzes und eines Mobilen Einsatzkommandos zur Observation an. Als eine RAF-Frau die Wohnung weitere drei Monate später gekündigt hatte, stürmte ein GSG-9-Kommando das einstige erste Versteck für Schleyer. Herold hatte unmittelbar nach der Entführung prophezeit, dass die Täter »dem über sie hereinbrechenden engmaschigen Schleppnetz zum Opfer fallen« würden.[11] Für ihn und seine Ermittler war das mehrfache Ignorieren der Hinweise auf die Wohnung in Erftstadt keine Fahndungspanne, sondern ein Desaster.

Die Taktik des Bundeskriminalamtes und der Bundesregierung nach der Entführung war simpel. Sie hielten die RAF hin. Ein ums andere Mal ließen sie Ultimaten verstreichen; immer wieder forderten sie neue Lebenszeichen von Schleyer. Die RAF-Kader hatten das Problem, dass sie nur eine einzige Trumpfkarte besaßen, nämlich Schleyer. Sie konnten mit seiner Erschießung drohen, aber bei der Verwirklichung dieser Drohung hätten sie mit leeren Händen dagestanden. Die Entführer versuchten, Druck auf die Bundesregierung auszuüben, indem sie Schleyer dazu brachten, Briefe zu schreiben; an seine Familie, an Freunde und an Politiker.

Eine Woche nach der Entführung versandte die RAF eine Erklärung, in der es hieß: »wir erwarten bis 24.00 die entscheidung der bundesregierung, ob sie den austausch will oder nicht.«[12] Doch die RAF eröffnete der Bundesregierung auch die Möglichkeit, weitere Zeit zu gewinnen. »die möglichen zielländer können der bundesregierung nur von den gefangenen selbst genannt werden«, hieß es in dem Ultimatum. Das ging nicht so schnell und einfach. Herold schickte zunächst den »Familienbullen« nach Stammheim, wie Ulrike Meinhof den BKA-Sonderermittler Alfred Klaus genannt hatte, weil er die Angehörigen von Terroristen aufsuchte. Der brachte Fragebögen für die Gefangenen mit, deren Freilassung gefordert wurde. Darauf sollten sie erklären, ob sie ausgetauscht werden wollten. Zudem sollten sie die gewünschten Zielländer eintragen. Im Hochsicherheitstrakt im siebten Stock sprach Klaus im Beisein eines Bundesanwalts und des Stammheimer Anstaltsleiters dann mit Baader. Der schlug einen ungewohnt konzilianten Ton an und erklärte: »Die Bundesregierung kann im Falle eines Austauschs damit rechnen, dass die Freigelassenen nicht in die Bundesrepublik zurückkehren würden und eine Wiederauffüllung des Potentials nicht beabsichtigt ist.« Er fügte noch hinzu: »Uns auszufliegen, würde eine Entspannung für längere Zeit bedeuten.« Als mögliche Ziele gab Baader Vietnam, Algerien, Libyen, die Volksrepublik Jemen und den Irak an.

In Wahrheit – und das wusste Klaus – war Helmut Schmidt fest entschlossen, unter keinen Umständen auf die Forderungen der Entführer einzugehen. Drei Tage nach der Entführung hatte der Bundeskanzler im Krisenstab auf der Suche nach Alternativen darum gebeten, ruhig einmal »exotische Vorschläge« zu entwickeln. Horst Herold präsentierte daraufhin die Idee, die Gefangenen zum Schein nach Jemen, aber in Wirklichkeit nach Israel zu fliegen und – nachdem sie den Illegalen ihre Ankunft gemeldet hatten – wieder festzunehmen. Generalbundesanwalt Kurt Rebmann schlug vor, die Stammheimer Gefangenen einen nach dem anderen erschießen zu lassen – bis die RAF Schleyer freilasse. Der BKA-Beamte Klaus dagegen hatte die friedliche Idee, die inhaftierte RAF-Spitze in die Verhandlungen einzubeziehen und sie mittels kleiner Zugeständnisse dazu zu bringen, bei ihren Genossen draußen für die Freilassung Schleyers zu sorgen. Doch Herold lehnte diesen Plan ohne Diskussion ab.

Angesichts der Verzögerungstaktik der Bundesregierung beschlossen die Entführer, Schleyer zu verlegen. Am

13. September mietete Angelika Speitel eine Wohnung in der Stevinstraat im niederländischen Regierungssitz Den Haag. Drei Tage darauf steckten die Entführer Schleyer in einen Weidenkorb und transportierten ihn bei Kerkrade über die grüne Grenze in die Niederlande. Schleyer hoffte derweil auf einen Kompromiss zwischen RAF und Regierung, zum Beispiel dass die Stammheimer Gefangenen den bewaffneten Kampf aufgeben und in der DDR aufgenommen werden könnten.

Auch in den Niederlanden stieg der Fahndungsdruck. Drei Tage nachdem Schleyer nach Den Haag verschleppt worden war, wurden dort die Inhaber einer Autovermietung misstrauisch, als eine junge Frau einen Wagen zurückgab. Sie verständigten die Polizei, und als ein Polizeiwagen in den Hof einbog, rannte die Frau los; mit ihr ein Mann, der sie offenbar absicherte. Als ein Polizist das Paar erreichte, schoss ihn der Mann an. Kurz zuvor hatte ganz in der Nähe ein RAF-Mann in einer Bar eine Tasche deponiert. Er verließ das Lokal mit der Bemerkung, er komme gleich wieder, aber tauchte nicht mehr auf. In der Tasche fanden sich ein Uher-Tonbandgerät und ein Mikrofon. Die RAF-Kader vermuteten zu Recht, dass die Ermittler nun Schleyer in den Niederlanden wähnten.

Fluchtartig räumten sie die konspirative Wohnung in Den Haag. Schleyer transportierten sie nach Brüssel, in eine Wohnung in einem Hochhaus, die nie von der Polizei entdeckt wurde. Die RAF hatte bereits eine weitere Konsequenz aus dem ständig steigenden Fahndungsdruck gezogen. Alle Illegalen, die nicht unmittelbar für die Aktion »Spindy« gebraucht wurden, flogen ab Mitte September auf Umwegen nach Bagdad, darunter das Führungspaar Brigitte Mohnhaupt und Peter-Jürgen Boock, aber auch Randfiguren wie Susanne Albrecht. Acht RAF-Mitglieder trafen in einem Haus in der irakischen Hauptstadt ein.[13]

Eine Bestätigung, dass die meisten RAF-Kader sich in die Niederlande abgesetzt hatten, erhielten die Fahnder am 22. September 1977. Knut Folkerts wollte in Utrecht einen Mietwagen zurückgeben, doch im Büro warteten zwei Polizisten auf ihn. Er zog sofort seine Pistole und schoss die beiden Polizisten nieder; einer starb; Kollegen des ermordeten Arie Kranenburg nahmen Folkerts fest. BKA-Beamte verhörten ihn in einer Kaserne der niederländischen Militärpolizei, sagt Folkerts heute, an die 48 Stunden lang, in einer fensterlosen Zelle, er nur in der Unterhose, mit Händen und Füßen an einen Stuhl gefesselt. Die Ermittler wollten unbedingt aus ihm herauskriegen, wo Schleyer versteckt war. »Wenn du nicht mit uns zusammenarbeitest, kommst du hier nicht mehr lebend raus«, hätten BKA-Männer zu ihm gesagt, »wir hängen dich auf. Es ist Ausnahmezustand. Wir haben freie Hand.« Folkerts wurde mit Musik terrorisiert. Seine Bewacher spielten ihm rund um die Uhr einen Song der amerikanischen Rockband »The Eagles« vor: »Welcome to the Hotel California – such a lovely place.« Als er standhaft die Aussage verweigerte, boten die BKA-Männer ihm eine Million Mark und eine neue Identität. Folkerts aber schwieg.

Untypisch schweigsam waren auch die westdeutschen Journalisten. Der Sprecher der Bundesregierung Klaus Bölling hatte die Chefredakteure gebeten, Botschaften der Entführer »erst nach Konsultationen mit der Bundesregierung« zu veröffentlichen, und diese unterwarfen sich widerspruchslos der Staatsräson. Nur die von Jean-Paul Sartre mitbegründete »Libération« in Paris publizierte Briefe und Fotos von Schleyer. Die freiwillige Nachrichtensperre der westdeutschen Journalisten motivierte allerdings bald Hunderte von Linksradikalen in der ganzen Republik dazu, »die tageszeitung« (»taz«) zu gründen.

Schleyer und seine Entführer duzen sich bald. Sie vereint der Wunsch, dass die Bundesregierung die Gefangenen austauscht. Schon mehr als einen Monat in Gefangenschaft, schreibt Schleyer, er habe an eine Entscheidung der Bundesregierung gedacht, »nicht an ein jetzt über einen Monat dauerndes Dahinvegetieren in ständiger Ungewissheit.« Der »Zustand eines nicht mehr verständlichen Hinhaltens«, so der Gefangene, »ist auch von mir nicht mehr lange zu verkraften«.[14]

Entführter Hanns Martin Schleyer in Brüssel, 5. Oktober 1977.

Am Ende mit ihren Nerven und Kräften sind mittlerweile auch die Inhaftierten der RAF. Bundesjustizminister Hans-Jochen Vogel hatte schon am Tag nach der Entführung seine Kollegen in den Ländern aufgefordert, ohne gesetzliche Grundlage eine umfassende Kontaktsperre gegen alle Häftlinge zu verhängen, die wegen Terrorismus verurteilt worden waren. Der Bundestag legalisierte die Praxis 23 Tage später mit einem Gesetz.

Zwei Wochen nach dem ersten Gespräch in Stammheim bittet Jan-Carl Raspe um einen erneuten Besuch des »Familienbullen« Alfred Klaus. Er nennt Klaus als weitere mögliche Aufnahmeländer – falls die Regierungen der von Baader genannten Staaten ablehnen sollten – Angola, Mosambik, Guinea-Bissau und Äthiopien. Raspe spricht von »wir«, und Klaus ist jetzt klar, dass die Gefangenen trotz strikter »Kontaktsperre« – die Zellentüren sind mit Spanplatten und Schaumstoff abgedichtet – miteinander kommunizierten. Raspe erklärt dem BKA-Beamten auch, dass man sie offenbar hinhalte und eine polizeiliche Lösung avisiere. »Damit wäre eine politische Katastrophe programmiert«, sagt der RAF-Mann, »nämlich tote Gefangene.«

Am 8. Oktober 1977, mehr als einen Monat nach dem Beginn der Entführung Schleyers, fliegt Klaus wieder nach Stammheim. Baader hat um seinen Besuch gebeten. In der Besucherzelle erklärt er: »Die Gefangenen beabsichtigen nicht, die gegenwärtige Situation länger hinzunehmen. Die Bundesregierung wird künftig nicht mehr über die Gefangenen verfügen können.« Auf die Frage von Klaus, wie das zu verstehen sei, antwortete Baader: »Das ist eine Drohung.« Außerdem spricht er von einer »irreversiblen Entscheidung der Gefangenen«. Nur einen Tag später bittet auch Gudrun Ensslin um einen Besuch. »Sie sprach wie zuvor schon Raspe und Baader«, erinnerte sich Klaus an das Gespräch, »von Selbstmord.« Der BKA-Mann informiert den Anstaltsleiter Hans Nusser über die Selbstmorddrohungen. Doch der für die Gefangenen verantwortliche Beamte sagt dazu nur: »Letztlich wäre Selbsttötung nicht zu verhindern.«

Zwei Tage später schickt ein Staatssekretär im Auswärtigen Amt an Außenminister Hans-Dietrich Genscher, der sich zu einem Staatsbesuch in Tokio aufhält, einen als »geheim« klassifizierten »Drahterlass«. Zur »fast dreistündigen Sitzung« des kleinen Krisenstabes am 9. Oktober hieß es darin: »Es lagen zwei ausführliche Äußerungen von Ensslin und Baader vor, die die Nervosität der Gefangenen widerspiegeln und Drohungen auf irreversible Entwicklungen, die auch als Selbstmordabsichten gedeutet werden können, enthalten.« Die Mitglieder des Krisenstabes hätten daraufhin, könnte man meinen, ein paar Fragen stellen müssen. Zum Beispiel: Wie wollen die Häftlinge Selbstmord begehen? Wie ließe sich das verhindern? Wie können sie trotz Kontaktsperre miteinander kommunizieren? Geschehen ist in dieser Richtung offenbar – nichts.

Klaus gelangte später zu der Überzeugung, »dass die Gefangenen mittels Radios, Plattenspielern und Lautsprechern ein perfekt funktionierendes Kommunikationssystem über zwei miteinander verbundene Kabelnetze installiert hatten«. Im Herbst 1977 habe er das aber nicht gewusst. In der Tat nutzten die RAF-Gefangenen Lautsprecher sowie Leitungen zur Übertragung des Anstaltsfunks und Stromleitungen zur Verständigung.

Kurz nachdem Klaus am Morgen des 13. Oktober 1977 mit Gudrun Ensslin gesprochen hat, werden die Karten neu gemischt. Der Lufthansa-Jet »Landshut«, stellt die Flugsicherung in Aix-en-Provence in Südfrankreich um 14 Uhr 38 fest, hat auf dem Weg von Palma de Mallorca nach Frankfurt am Main seine Route verlassen. Aus dem Cockpit meldet sich ein Mann, der sich als »Captain Martyr

Mahmud« vorstellt. »Dieses Flugzeug ist ganz in unserer Gewalt«, erklärt er auf Englisch mit arabischem Akzent. »Wir verlangen die Freilassung unserer Kameraden in deutschen Gefängnissen. Das ist ein Tiger gegen die imperialistische Weltorganisation. Hören Sie mich?«

# Kapitel 7
# Sieben Tage im Herbst

Diana Müll ist stark übernächtigt, als sie auf dem Flughafen von Palma de Mallorca zu der Lufthansa-Maschine »Landshut« läuft. Die 19 Jahre alte Verkäuferin aus Gießen hat zusammen mit sieben anderen jungen Frauen die Nacht durchgetanzt. Im Sommer hatte sie auf der Ferieninsel in der Diskothek »Graf Zeppelin« die wöchentliche Miss-Wahl gewonnen; nun hatten sie die deutschen Disko-Besitzer zusammen mit sieben anderen Gewinnerinnen noch einmal eingeladen. Eine Woche lang hatten sie gefeiert.[1]

Als Diana Müll am Mittag des 13. Oktober 1977 mit ihren Miss-Kolleginnen an Bord der Boing 737 geht, erregen zwei Passagiere ihre Aufmerksamkeit: eine zierliche, hübsche Frau und ein Mann mit schwarzen Haaren und schwarzem Schnurrbart. Beide sind in ihren Zwanzigern; er trägt ein auffälliges Jackett mit großen violetten Karos. Das südländisch wirkende Paar ist ebenfalls sehr spät dran und gelangt deshalb ohne ernsthafte Kontrolle des Handgepäcks in die Maschine.

Nachdem die »Landshut« abgehoben hat, genehmigen sich die überdrehten Schönheitsköniginnen aus Deutschland erst einmal ein Glas Sekt. Der dunkelhaarige Mann sitzt mit seiner Begleiterin schräg hinter Diana Müll. Sie kann es sich nicht verkneifen, mit ihren Kolleginnen ein paar Witze über sein kurioses Jackett zu machen. Wenn sie allerdings gewusst hätten, was er vorhat, wäre ihnen das Lachen schlagartig vergangen.

Sobald die Stewardessen das Essen verteilt haben, springt des Paar auf. Er hat jetzt eine Pistole in der Hand, sie eine Handgranate.»Don't move!«, schreien sie, während sie durch den Gang nach vorne laufen.»Don't move!« In der ersten Klasse sind ebenfalls zwei junge Passagiere aufgesprungen, die bewaffnet sind. Der Mann in dem kuriosen Jackett boxt eine Stewardess aus dem Weg, springt ins Cockpit und brüllt:»Go out! Go out!« Dann zieht er den Kopiloten heraus.

Es ist 13 Uhr 20 deutscher Zeit. Die»Landshut« ist rund zwanzig Kilometer von Marseille entfernt. An Bord befinden sich zwei Piloten, drei Stewardessen und 86 Passagiere, darunter sieben Kinder; das jüngste ist drei Jahre alt. Der Mann in dem kuriosen Jackett greift sich das Mikrofon der Bordsprechanlage.»Ich bin Captain Martyr Mahmud«, brüllt er.»Das Flugzeug ist entführt. Wir sind keine Terroristen, wir sind Freiheitskämpfer! Wir fordern die Freilassung von Genossen in deutschen und türkischen Gefängnissen. Befolgt unsere Befehle. Wer nicht gehorcht, wird sofort exekutiert!«

Die Flugzeugentführer zwingen die schockierten Passagiere, sich umzusetzen. Sie trennen die jüngeren Männer und setzen sie auf Fensterplätze. Sie konfiszieren alles Handgepäck und stapeln es auf den Sitzen der ersten Klasse. Dann durchsuchen sie die Passagiere. Mahmud bringt an den Wänden der Maschine Plastiksprengstoff an. Von Jürgen Schumann, dem Kapitän der»Landshut«, will er wissen, ob der Treibstoff bis Zypern reicht. Als Schumann verneint, befiehlt er ihm, zunächst nach Rom zu fliegen.

Zu diesem Zeitpunkt hält die RAF Hanns Martin Schleyer schon seit 38 Tagen gefangen. Bundeskanzler Helmut Schmidt ist nach wie vor entschlossen, nicht auf die Forderungen der Entführer einzugehen. Den Fahndern aber ist es nicht gelungen, die mittlerweile in Brüssel versteckte Geisel zu finden. Mit der Entführung der »Landshut« haben die Terroristen den Druck deutlich erhöht. Das zeigt sich auch in den Meinungsumfragen, die die Bundesregierung machen lässt. Hans-Jürgen Wischnewski, Staatsminister im Kanzleramt, erinnerte später, »dass die Bevölkerung der Bundesrepublik, solange wie nur Dr. Schleyer gefährdet war, forderte, der Staat müsse hart bleiben.« Nachdem aber die Urlauber entführt worden waren, »drehte sich die Stimmung«.[2]

Als die RAF-Kidnapper am Tag der »Landshut«-Entführung wieder Polaroidfotos und ein Video von Schleyer machen, zwingen sie ihn, sich vor ein neues Plakat zu setzen. Auf dem steht: »Commando Siegfried Hausner, Commando Martyr Halimeh.« Die Entführer verschicken vier verschiedene Schreiben, darunter ein »ultimatum an den kanzler der brd«. Darin wird nicht nur die Freilassung der elf RAF-Gefangenen gefordert, sondern auch von zwei in der Türkei inhaftierten militanten Palästinensern; darüber hinaus ein Lösegeld von 15 Millionen US-Dollar. »jeder versuch ihrerseits zu verzögern oder zu täuschen, hat das unmittelbare ende des ultimatums und die sofortige exekution von herrn hanns martin schleyer und aller passagiere und der crew des flugzeugs zur folge.« Gezeichnet ist das Schreiben mit »S.A.W.I.O.«. Das steht für »Struggle Against World Imperialism Organisation« oder »Organisation für den Kampf gegen den Welt-Imperialismus«.

Auf dem Video klagt Schleyer die Hinhaltetaktik der Bundesregierung an: »Ich frage mich in meiner jetzigen Situation wirklich, muss denn noch etwas geschehen, damit Bonn endlich zu einer Entscheidung kommt? Schließlich bin ich nun fünfeinhalb Wochen in der Haft der Terroristen und das alles nur, weil ich mich jahrelang für diesen Staat und seine freiheitlich-demokratische Ordnung eingesetzt habe.«[3]

Die Bewacher Schleyers waren von der Flugzeugentführung nicht überrascht. Kurz nach der Ankunft des RAF-Führungspaares Mohnhaupt und Boock sowie sechs weiterer Mitglieder der Gruppe in Bagdad war ein deutscher Genosse aufgetaucht: Johannes Weinrich, Kader der Revolutionären Zellen und Vertrauter eines besonders brutalen Terroristen, des aus Venezuela stammenden Carlos. Weinrich erklärte Mohnhaupt, dass die palästinensischen Freunde sich wunderten, warum die RAF sie nicht um Unterstützung bei der Befreiung ihrer Gefangenen gebeten habe. Mohnhaupt traf alsbald einen Palästinenser namens Wadi Haddad, einen Arzt mit dem Kampfnamen »Abu Hani«. Der 1927 im heutigen Israel geborene Palästinenser war 1948 mit seiner Familie nach Jordanien geflohen und hatte zu den Gründern der Volksfront für die Befreiung Palästinas (PFLP) gehört. Im »Kampf über den Wolken« hatte er spektakuläre Flugzeugentführungen organisiert, war aber wegen seiner undiplomatischen Militanz aus der PFLP ausgeschlossen worden und firmierte nun als PFLP-Special Command, PFLP-SC. Zudem kooperierte Haddad, der im Frühjahr 1978 in der Ost-Berliner Charité an Krebs sterben sollte, seit 1968 mit dem sowjetischen Geheimdienst KGB.[4]

In jedem Fall erklärte er nun Mohnhaupt, dass seine Organisation bereit sei, die RAF mit einer eigenen Aktion zu unterstützen. Schnell machbar sei die Besetzung der westdeutschen Botschaft in Kuwait oder die Entführung eines Flugzeugs.[5] Bei der Besetzung der westdeutschen Botschaft in Stockholm hatte die RAF im April 1975 ein Desaster erlebt; dann lieber eine Flugzeugentführung. Rolf Heißler schrieb später: »wir haben uns diese entscheidung nicht leicht gemacht. nach langen diskussionen haben wir unsere zustimmung« gegeben.

Haddad suchte vier Kader für das Kommando aus. Die Führung sollte Zohair Akache übernehmen. Er war

»Landshut«-Entführer Zohair Akache und Souhaila Sayeh.

23 Jahre alt, in einem Flüchtlingslager in Beirut aufgewachsen und hatte in London Flugzeugtechnik studiert. In der britischen Hauptstadt hatte Akache auch an Ostern 1977 den ehemaligen Regierungschef von Nordjemen und dessen Frau erschossen. Souhaila Sayeh stammte aus einer bei der Gündung Israels aus Haifa vertriebenen palästinensischen Akademiker-Familie. Sie hatte miterlebt, wie 1975 im libanesischen Bürgerkrieg Tausende Menschen in dem palästinensischen Flüchtlingslager Tel Zatar in Beirut getötet wurden. Sayeh war 22 Jahre alt, Hind Alameh, die zweite Frau des Kommandos ebenso; Nabil Harb, ein außergewöhnlich gut aussehender Mann, war 23 Jahre alt.

Die vier Palästinenser flogen nicht zusammen nach Mallorca. Ebenfalls auf die Ferieninsel reiste – zu diesem Schluss kam das Oberlandesgericht Frankfurt im Jahr 1998 – eine mit dem PFLP-SC-Residenten in Aden verheiratete Deutsche. Sie selbst stritt es immer vehement ab, das

Oberlandesgericht Frankfurt aber sah es als erwiesen an, dass sie den Palästinensern auf Mallorca ein Radio, zwei Pistolen, sechs Handgranaten und knapp ein Kilogamm Plastiksprengstoff übergeben habe. Die Angeklagte, die den Decknamen »Amal« trug, habe die Waffen, unter der Kleidung ihrer drei Monate alten Tocher versteckt, durch die Kontrollen geschmuggelt.

Nachdem die entführte »Landshut« in Rom gelandet war, rief Bundesinnenminister Werner Maihofer seinen italienischen Kollegen Francesco Cossiga an. Er müsse die Entführer aufhalten, forderte der Deutsche; Polizisten sollten dem Flugzeug die Reifen zerschießen. Aber der italienische Christdemokrat hatte kein Interesse an einer Eskalation, die zur Sprengung der Maschine hätte führen können. Die »Landshut« wurde in Rom aufgetankt und flog nach Larnaka auf Zypern weiter.

In Bonn schob bei einer Sitzung des Krisenstabes Hans-Jürgen Wischnewski Kanzler Schmidt einen Zettel zu: »Sollte ein Flug nicht schon technisch vorbereitet werden?« Schmidt schickte ihn prompt mit der Anwort zurück: »Ja, für Dich.«[6] Der Staatsminister im Kanzleramt hatte wegen seiner guten Kontakte in arabischen Ländern den Spitznamen »Ben Wisch«.

Zunächst allerdings landete auf dem Flughafen Köln-Bonn eine Lufthansa-Maschine für eine Spezialeinheit des Bundesgrenzschutzes, für die »Grenzschutzgruppe 9« (GSG 9). Schon fünf Jahre lang – seit dem Massaker während der Geiselnahme israelischer Sportler bei der Olympiade in München 1972 – hatten die Grenzschützer Einsätze gegen Terroristen trainiert, nicht zuletzt das Stürmen eines Flugzeugs. Insgesamt 66 GSG-9-Männer in Zivil gingen mit Waffen, Leitern, Nachtsichtgeräten und anderer Spezialausrüstung an Bord und flogen nach Zypern.

Die »Landshut« brauchte in Larnaka wieder Treibstoff; und Mahmud drohte, er würde die Maschine in die Luft sprengen, wenn sie nicht aufgetankt würde. Jetzt nannte er auch den Namen das Kommandos: »Martyr Halimeh«. Halimeh war der arabische Deckname von Brigitte Kuhlmann von den Revolutionären Zellen. Sie hatte zusammen mit einem weiteren Deutschen und vier Palästinensern der PFLP-SC einen Air-France-Airbus nach Entebbe in Uganda entführt. Als israelische Soldaten die Geiseln befreiten, erschossen sie sieben der Entführer, darunter auch Kuhlmann. Als Beobachter auf israelischer Seite war Ulrich Wegener dabei, der Kommandeur der GSG 9.

Nach dem Auftanken der »Landshut« auf Zypern gab Mahmud als nächstes Ziel Beirut an. Doch die Verantwortlichen schlossen den Flughafen für den entführten Jet, ebenso wie ihre Kollegen in Damaskus, Amman und Kuwait. Schließlich landete Kopilot Jürgen Vietor die Maschine ohne Erlaubnis in Bahrein. Um den Abzug der Soldaten zu erzwingen, die rund um die »Landshut« in Stellung gegangen waren, drohte Mahmud mit der Erschießung des Kopiloten. Vietor bat in Todesangst darum, weiterfliegen zu dürfen; erst als Mahmud bei seinem Countdown über fünf Minuten bei zwei angelangt war, fuhr ein Wagen vor, und die Soldaten zogen ab. Kurz darauf brach die »Landshut« nach Dubai auf, dem längsten Stopp ihrer Odyssee.

Während des Aufenthalts in Dubai verschlimmerten sich die Zustände an Bord dramatisch. Als der Treibstoff verbraucht war, fiel die Klimaanlage aus. In der Wüstensonne stieg die Temperatur in der Kabine auf über fünfzig Grad. Der Gestank aus Essensabfällen, Schweiß, Urin und Fäkalien war bestialisch. Einige Frauen hatten zu menstruieren begonnen, weil sich ihre Anti-Baby-Pillen im konfiszierten Gepäck befanden.[7] Mehrere ältere Passagiere verloren das Bewusstsein und mussten mit Sauerstoffgeräten beatmet werden. Am schlimmsten war jedoch Mahmuds Terrorregime.

Bei der Durchsuchung des Handgepäcks fand er drei Füller und Kugelschreiber der Marke »Montblanc«, die mit dem Firmenlogo geziert waren, einem weißen sechszackigen Stern. Mahmud riss die Besitzerin eines der Kugelschreiber aus ihrem Sitz und zog sie in die erste Klasse. »Das ist ein Judenstern«, brüllte er. »Du musst eine Jüdin sein.« Als die Frau das bestritt, spuckte er sie an, schlug sie und zertrat ihren Kugelschreiber. Nachdem er auch die beiden anderen Besitzerinnen von Montblanc-Stiften angebrüllt und geschlagen hatte, verkündete er: »Ich habe Juden hier an Bord entdeckt. Morgen werde ich sie erschießen. Ich stelle sie in die offene Flugzeugtür und schieße ihnen von hinten eine Kugel in den Kopf. Sie fallen automatisch aus dem Flugzeug.«

Mahmud beließ es bei der Drohung. Die Aufgabe, mit ihm zu verhandeln, übernahm in Dubai der Verteidigungsminister, Scheich Mohammed Bin Raschid. Er verlangte die Freilassung von Kindern, Frauen und Kranken, doch Mahmud lehnte das kategorisch ab. Jetzt ging Jürgen Schumann, der Kapitän, ein hohes Risiko ein. Er bestellte bei den Unterhändlern im Tower »vier Stangen Zigaretten, zwei von jeder Sorte«, und »vier Packungen Servietten, auch zwei von jeder Sorte«. Der Scheich und Wischnewski verstanden Schumanns Hinweis, dass zwei Frauen und zwei Männer das Flugzeug entführt hätten. Entgegen der Lufthansa-Verhaltensregel für Entführungen, keine Informationen herauszugeben, versuchte Schumann, auch die Art und Zahl der Waffen der Entführer zu übermitteln. Der Verteidigungsminister von Dubai aber, der später für die Kooperation das Bundesverdienstkreuz bekam, machte einen folgenschweren Fehler: Er lobte in einem Radiointerview den Kapitän dafür, dass er wertvolle Hinweise aus der Maschine herausgeschmuggelt habe. Mahmud hörte das Interview, und Schumanns Schicksal war damit besiegelt.[8]

Kapitän der »Landshut« Jürgen Schumann.

Der Chef der Hijacker ließ den Kapitän unter vorgehaltener Pistole im Gang niederknien und fragte ihn, ob er heimlich Informationen an die Unterhändler gegeben habe. Nachdem Schumann es eingeräumt hatte, brüllte Mahmud den vormaligen Luftwaffenpiloten an: »Jetzt wollen wir mal sehen, was du beim Militär gelernt hast. Los! Marschieren! Eins, zwei, eins zwei!« Schumann musste den Gang auf und ab paradieren. Am nächsten Morgen kündigte Mahmud an, alle fünf Minuten eine Geisel zu erschießen, wenn die Maschine nicht endlich aufgetankt würde. Diana Müll, die Verkäuferin aus Gießen, sollte die Erste sein. Mahmud holte sie an die geöffnete Flugzeugtür, presste ihr seine Pistole an die Schläfe und begann laut zu zählen. Als Müll die Zehn hörte, schloss sie die Augen. Statt des Knalls, den sie erwartete, war eine verzerrte Stimme aus dem Sprechfunkgerät zu vernehmen: »Stopp, wir tanken auf!« Sie hörte noch, wie Mahmud »Glück gehabt« sagte, dann brach sie ohnmächtig zusammen. Während die meisten Entführten Mahmud als Sadisten und Psychopathen beschreiben, meinte die Chefstewardess Hannelore Piegler später, er sei »kein Menschenfeind« gewesen. Er habe sich um die Kinder und Kranken unter den Passagieren besonders gekümmert. »Mahmud war kein Ungeheuer«, schrieb sie kurz nach der Entführung. »Er war nur die ausgeprägteste Verkörperung eines Menschen, der alle Werte seines Lebens auf ein Ziel hin gerichtet hat und alles opfern würde, um es zu erreichen.«

Hans-Jürgen Wischnewski – mit zehn Millionen Mark in bar an Bord – und GSG-9-Kommandeur Wegener waren ebenfalls in Dubai gelandet. Helmut Schmidt versuchte, von dem Emir von Dubai die Erlaubnis für den Einsatz der Grenzschützer zu erhalten. Vergeblich. Die »Landshut« bekam Treibstoff und flog weiter, nach Aden, der Hauptstadt der Demokratischen Volksrepublik Jemen.

Wadi Haddad und seine PFLP-SC-Kader hatten mit dem südjemenitischen Geheimdienst vereinbart, dass in Aden das Entführerkommando ausgetauscht, weitere Waffen an Bord gebracht und möglicherweise auch die Passagiere aus der Maschine geholt werden könnten. Der PFLP-SC-Resident in Aden war deshalb fassungslos und wütend, als er den Flughafen von Soldaten abgesperrt vorfand, die ihn nicht einmal in die Nähe des Rollfeldes ließen. Zudem hatten Soldaten Panzer und Lastwagen auf die Landebahn gefahren, um ein Aufsetzen der »Landshut« unmöglich zu machen. Doch bei der Boeing waren die Tanks wieder einmal so gut wie leer, und Kopilot Jürgen Vietor musste eine Notlandung auf einer Sandpiste versuchen. Nach seiner Erinnerung »ein Horrorunternehmen«, vor dem Schumann, Mahmud und er sich zum Abschied die Hand gaben. Zu Vietors eigener Überraschung glückte die Landung.[9]

Die Palästinenser hatten, so zeigte sich in Aden, die Rechnung ohne die Deutschen gemacht. Zwar war die DDR entlang den Frontlinien des Kalten Krieges mit der Regierung Südjemens und den Palästinensern verbündet, doch war den Kommunisten die deutsch-deutsche Entspannungspolitik wichtiger. Es gibt Hinweise darauf, dass Außenminister Hans-Dietrich Genscher seinen DDR-Kollegen Oskar Fischer aus dem Bett klingeln ließ und ihn darum bat, bei der Regierung Südjemens zu intervenieren. Zudem heißt es in der Dokumentation der Bundesregierung: »Die Bundesregierung tritt mit der Regierung der DDR mehrfach in Verbindung.« Ebenso »mit der Regierung der UdSSR«.[10]

In Aden erklärte Kapitän Schumann, er müsse überprüfen, ob die notgelandete Maschine noch einmal starten könne, und bekam von Mahmud die Erlaubnis, das Flugzeug zu verlassen. Doch nach einer Viertelstunde wurde Mahmud nervös. Schumann kehrte erst nach einer Stunde zurück. Höchstwahrscheinlich wollte er einen jemenitischen General dazu bringen, das Flugzeug nicht mehr starten zu lassen. Nachdem jemenitische Soldaten Schumann zurückgebracht hatten, zwang Mahmud ihn niederzuknien. »Schuldig oder nicht schuldig?«, brüllte er. Schumann stammelte etwas von »Problemen, zum Flugzeug zurückzukommen«. Mahmud schlug dem Kapitän ins Gesicht, dann schoss er ihm in den Kopf. Als Passagiere schluchzten, rief die Entführerin Souhaila Sayeh: »Ruhe! Wer jetzt heult, wird sofort erschossen!« Dank der deutsch-deutschen Solidarität mussten die Entführer weiterfliegen. Kaum hatte die »Landshut« in Aden abgehoben, sagte Mahmud: »Mogadischu. Wir fliegen nach Mogadischu.«

Je länger die Odyssee des Jets andauert, umso mehr zweifeln die RAF-Gründer in Stammheim daran, dass sie in Freiheit kommen werden. Es ist ihnen schon länger klar, dass die Bundesregierung sie nicht gegen Schleyer austau-

Heimlich mit einer Minox aufgenommene Fotos von Andreas Baader, Gudrun Ensslin und Jan-Carl Raspe.

schen will. Aber auch nach der Entführung der »Landshut« spielt Helmut Schmidt offenbar auf Zeit und sucht eine militärische Lösung. Für die Gründer der RAF bedeutet das: noch zehn bis zwanzig Jahre im Gefängnis. Baader und Ensslin, für die die RAF nicht nur ein poltisches Projekt, sondern auch ein existenzialistisches Abenteuer war, ist diese Perspektive unerträglich. Im Knast zu verfaulen, das war nicht Baaders Stil.

Und sie sind auf das Scheitern der »Big Raushole« vorbereitet. Seit über einem halben Jahr verfügen sie über Waffen. Andreas Baader hat im Plattenspieler in seiner Zelle eine Pistole versteckt; Jan-Carl Raspe hinter der Fußleiste seiner Zelle ebenfalls. Dazu kommen noch 655 Gramm Sprengstoff.

Wie konnte dem Techniker, der die elektrischen Geräte der Gefangenen untersucht hatte, die Pistole im Plattenspieler entgangen sein? Wie konnten die Waffen bei den ständigen Durchsuchungen der Zellen unentdeckt bleiben? Hatte die Gefängnisleitung von der Bewaffnung und den

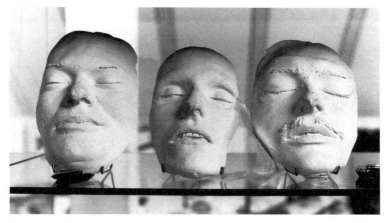

Totenmasken von Andreas Baader, Gudrun Ensslin und Jan-Carl Raspe.

Plänen der RAF-Häftlinge wirklich nicht das Geringste mitbekommen?

Dies zu glauben, fällt vor allem schwer, weil die RAF-Gefangenen in Stammheim abgehört wurden. Der Lauschangriff wurde schon während des Prozesses bekannt, aber erst vor ein paar Jahren hat die Landesregierung Baden-Württembergs die meisten der als geheim eingestuften Dokumente über die Abhöraktion freigegeben. Demnach bauten schon Anfang März 1975 drei Techniker des Verfassungsschutzes Mikrofone in zwei Besucherzellen ein. Zwei Monate später wurden drei weitere Zellen verwanzt. In der Nacht zum 1. Juni 1975 bauten vier mit gefälschten Polizeiausweisen ausgestattete Techniker des Bundesnachrichendienstes Mikrofone in zwei weiteren Zellen ein. Auf den Lauschangriff gedrängt hatte unter anderen Kurt Rebmann, damals Ministerialdirektor im baden-württembergischen Justizministerium, später Nachfolger Siegfried Bubacks als Generalbundesanwalt. Ingesamt bauten die Techniker in sieben Stammheimer Zellen Abhöranlagen ein. Ein Lageplan deutet darauf hin, dass im siebten Stock auch die Zellen 718 und 719 verwanzt waren. Während der Schleyer-Entführung saß in der 718 bis zum 4. Oktober 1977 Raspe, in der benachbarten 719 von diesem Tage bis zu seinem Tod Andreas Baader.

Abgehört – so die offizielle Version – wurden RAF-Gefangene nur in Besucherzellen und nur fünfmal für begrenzte Zeit, zum Beispiel nach dem Anschlag auf die westdeutsche Botschaft in Stockholm und nach der Verhaftung des Spitzenkaders Siegfried Haag – aber ausgerechnet nicht während der Entführung Schleyers und der »Landshut«? Das ist schwer zu glauben.

Zumal die Gründer der RAF immer unverhohlener mit Suizid drohen, falls sie nicht freigelassen würden. Am Vormittag des 17. Oktober 1977 bekommt Andreas Baader im siebten Stock in Stammheim Besuch aus Bonn. Ministerialdirigent Hans Joachim Hegelau vom Kanzleramt kommt zusammen mit Alfred Klaus, dem »Familienbullen« des BKA. »Eigentlich ist es zu spät für dieses Gespräch«, sagt Baader. »Hätte man uns früher freigelassen, hätten wir die jetzige brutale Entwicklung verhindern können. Die RAF jedenfalls hat diese Form des Terrorismus, den Kampf gegen Zivilisten, bis jetzt immer abgelehnt.« Baader erklärt noch: »Freigelassene Gefangene sind für die Regierung das kleinere Übel als tote.«[11]

Es ist 2 Uhr 05 in Mogadischu und 0 Uhr 05 in Deutschland, als die Stewardess Hannelore Piegler in der »Landshut« ein ihr bekanntes Knacken hört. Jemand öffnet von außen das Notfenster hinter ihr. Durch den entstandenen Spalt tastet sich eine Hand – mit einer Pistole. »Verdammt, dass ist unser Ende«, denkt die Stewardess. Trupps von jeweils fünf Grenzschützern dringen durch die vier Türen und zwei Notfenster in die Maschine ein. »Runter auf den Boden!«, schreien sie den Passagieren zu und eröffnen das

Feuer auf die Entführer. Sie treffen Mahmud als Ersten tödlich, dann Nabil Harb, den zweiten Mann. Nadia Shehadah Duaibes, die zierliche Frau, erschießen GSG-9-Männer in einer Toilette durch die geschlossene Türe. Souhaila Sayeh überlebt schwer verletzt. Nach sieben Minuten ist die Operation »Feuerzauber« erfolgreich abgeschlossen. Staatsminister Wischnewski ruft Kanzler Schmidt in Bonn an. »Das Flugzeug ist geknackt«, sagt er, aber die Telefonverbindung ist so schlecht, dass der Kanzler nichts versteht. Wischnewski versucht es noch einmal: »Die Arbeit ist erledigt. Drei tote Terroristen. Ein GSG-9-Mann verwundet. Sonst keine weiteren Erkenntnisse.« Helmut Schmidt schießen die Tränen in die Augen.

Um 0 Uhr 38 meldet der Deutschlandfunk: »Die von Terroristen in einer Lufthansa-Boeing entführten 86 Geiseln sind alle glücklich befreit worden. Dies bestätigt ein Sprecher des Bundesinnenministeriums soeben in Bonn.« Es ist unklar, wie die RAF-Gefangenen in Stammheim vom Scheitern ihrer Genossen in Mogadischu erfahren. Wahrscheinlich hört Jan-Carl Raspe die Nachricht in seinem Radio und gibt sie mittels der Kommunikationsanlage weiter. Es läßt sich nur ahnen, was in ihnen vorging, als ihre letzten Hoffnungen auf Befreiung zerstört wurden. Der Gedanke, sich umzubringen, sich auf diese Weise zu befreien, ist ihnen schon lange vertraut. Immer wieder haben sie ihren Genossen draußen damit gedroht. Sicherlich haben sie sich darüber verständigt, unter welchen Umständen sie dieses letzte Stück Freiheit nutzen wollten. Und sie werden besprochen haben, dass sie ihren Suizid so gestalten würden, dass er wie ein Mord aussähe. Die letzte Konsequenz ihres Kampfes ist es, auch den eigenen Tod in seinen Dienst zu stellen.

Hans-Jürgen Bäcker aus der Gründergruppe der RAF sagt, dass ihm Baader schon im Sommer 1970 in dem Palästinenserlager erzählt habe: Bevor er sich im Knast begraben ließe, würde er sich umbringen. Aber er würde es dann so drehen, dass es wie Mord aussähe. Gudrun Ensslin hat in Stammheim ein Exemplar von Bertolt Brechts »Die Maßnahme«. In dem Lehrstück hat sie die Passage unterstrichen: »Furchtbar ist es, zu töten, aber nicht andere nur, auch uns töten wir, wenn es Not tut, da doch nur mit Gewalt diese tötende Welt zu verändern ist, wie jeder Lebende weiß.«[12]

Am Dienstag, den 18. Oktober 1977, um 7 Uhr 41 öffnet ein Justizbeamter im siebten Stock in Stuttgart-Stammheim für die Ausgabe des Frühstücks die Zelle von Jan-Carl Raspe. Der Gefangene sitzt mit dem Rücken an die Wand gelehnt auf seinem Bett und blutet aus dem Kopf. Nach seinem Abtransport – er stirbt zwei Stunden später – öffnen die Beamten die Zelle 719. Auf dem Fußboden hingestreckt liegt Andreas Baader, den Kopf in einer großen Blutlache, in der ein Revolver liegt. Baader weist eine Schusswunde im Hinterkopf auf und ist tot. Gegenüber in Zelle 720 hängt Gudrun Ensslin am Fensterkreuz, ein Lautsprecherkabel ihres Plattenspielers um den Hals. Auch sie ist tot. In Zelle 725 liegt Irmgard Möller zusammengekrümmt mit einem blutverschmierten T-Shirt auf ihrer Matratze. Sie lebt, ist durch Stiche mit einem Anstaltsmesser verletzt, aber nicht lebensgefährlich.

Um 8 Uhr 58 verbreitet die Deutsche Presseagentur via Fernschreiber eine Eilmeldung: »die zu lebenslanger freiheitsstrafe verurteilten terroristen andreas baader und gudrun ensslin haben sich am dienstagmorgen in der justizvollzugsanstalt stuttgart-stammheim das leben genommen. dies teilte das baden-württembergische justizministerium mit.«

Nicht viel später hört ein RAF-Mann auf dem Dach des Bagdader Domizils der Gruppe mit einem auf die Deutsche Welle eingestellten Kurzwellenradio die Nachricht. Acht

Kader versammeln sich im oberen Geschoss des Hauses. Sie sind schockiert, manche sind sprachlos, andere weinen. Sie haben alles versucht, um die Stammheimer zu retten, denken sie. Und jetzt haben die Schweine sie ermordet, wie sie es immer befürchtet haben. Brigitte Mohnhaupt hält es irgendwann nicht mehr aus: »Könnt ihr sie euch nur als Opfer vorstellen?«, wirft sie in die Runde. »Sie haben ihre Situation bis zum letzten Augenblick selbst bestimmt.«

In Hattersheim bei Frankfurt sind die beiden RAF-Frauen Silke Maier-Witt und Sieglinde Hofmann dabei, eine konspirative Wohnung zu »cleanen«. Während sie alle Türen und Einrichtungsgegenstände sorgfältig abwischen, um die Fingerabdrücke zu beseitigen, hören sie Radio. Die Nachricht vom Tod der Menschen, die sie unbedingt befreien wollten, erschüttert sie. »Kann es sein«, fragt Maier-Witt, »dass die sich selbst umgebracht haben?« Hofmann sagt: »Ja, das kann sein.« Maier-Witt fragt auch, ob Schleyer

Die Eltern von Gudrun Ensslin bei der Beerdigung ihrer Tochter, Baaders und Raspes in Stuttgart, Oktober 1977.

jetzt getötet würde.»Ich denke schon«, antwortet Hofmann.»Er weiß zu viel über uns.«
Irmgard Möller erklärt bald darauf einem Staatsanwalt: »Ich habe weder einen Selbstmordversuch begangen, noch intendiert, noch war eine Absprache dagewesen.« Sie sei irgendwann eingeschlafen und mit einem »starken Rauschen im Kopf« wieder zu sich gekommen, erklärt sie später. Baader hatte am 7. Oktober, elf Tage vor seinem Tod in Stammheim, an das Oberlandesgericht Stuttgart geschrieben.»Keiner von uns hat die Absicht, sich umzubringen. Sollten wir hier ›tot aufgefunden werden‹, sind wir in der guten Tradition justizieller und politischer Maßnahmen dieses Verfahrens getötet worden.«[13]

Es erscheint schwer vorstellbar, dass Wachbeamte, Polizisten und Politiker von den Waffen im siebten Stock in Stammheim wussten und nichts taten.[14] Aber es ist nicht bekannt, dass sie versucht hätten, die mehrfach und eindeutig von den RAF-Gefangenen angedrohten Suizide zu verhindern. Im Gegenteil: Die für die Postkontrolle in Stammheim zuständigen Richter ließen Stricke passieren, mit denen sich nach dem Wunsch der Absender die RAF-Gefangenen aufhängen sollten. Es deutet vieles darauf hin, dass die verantwortlichen Politiker und Beamten die angekündigten Selbsttötungen der Staatsfeinde stillschweigend duldeten.

Am 19. Oktober 1977, einen Tag nach den Suiziden in Stammheim, wartet die RAF-Frau Silke Maier-Witt in einem Café unweit des Hauptbahnhofs in Frankfurt am Main auf einen Anruf aus Paris. Schließlich meldet sich ihr Genosse Rolf Klemens Wagner und gibt eine von Brigitte Mohnhaupt in Bagdad formulierte Erklärung durch. Maier-Witt notiert sie und sucht sich den nächsten Zug nach Hamburg heraus. Erst Minuten vor der Abfahrt ruft sie bei der Deutschen Presseagentur in Stuttgart an und verliest um 16 Uhr 21 die letzte Erklärung des »kommandos siegfried hausner«: »wir haben nach 43 tagen hanns martin schleyers klägliche und korrupte existenz beendet. herr schmidt, der in seinem machtkalkül von anfang an mit schleyers tod spekulierte, kann ihn in der rue charles péguy in mühlhausen in einem grünen audi 100 mit bad homburger kennzeichen abholen. für unseren schmerz und unsere wut über die massaker von mogadischu und stammheim ist sein tod bedeutungslos.«

Um 21 Uhr 11 öffnen Sprengstoffexperten der französischen Polizei an dem genannten Ort den Kofferraum eines Audi 100. Sie finden darin die Leiche von Hanns Martin Schleyer. Mit drei Schüssen in den Kopf ermordet.

Peter-Jürgen Boock erzählt im Jahr 2007, Rolf Heißler habe ihm in Aden vom Ende der Aktion »Spindy« berichtet. Der Beschluss, Schleyer zu erschießen, sei nach kurzer Diskussion in Brüssel gefasst worden. Wisniewski und Heißler hätten ihn dann gefesselt in den Kofferraum des Wagens gelegt und über die französische Grenze gefahren. In einem Wald hätten sie Schleyer erschossen und die Leiche wieder in den Kofferraum gelegt. Ursprünglich, so Heißler, laut Boock, sollten sie das Auto mit Schleyers Leiche in Bonn, in der Nähe des Kanzleramtes, abstellen. Aber dafür hätten sie die Nerven nicht mehr gehabt.[15] »Drecksarbeit« nannte Brigitte Mohnhaupt den Mord.

Helmut Schmidt sagte später: »Wir sahen uns unauflöslich verstrickt – wie in einer griechischen Tragödie.« Trotz der Ermordung Schleyers war die Mehrheit der Westdeutschen angesichts der Rettung aller Geiseln in der »Landshut« erleichtert. Die nach Konsens und Ausgleich strebende Bundesrepublik hatte ihre bis dahin größte innenpolitische Herausforderung bewältigt. Damals, so registrierte der konservative Historiker Ernst Nolte erfreut, »war die Bundesrepublik zum ersten Mal ein Staat im Vollsinn des

Wortes, weil die ungeheure Mehrheit der Bevölkerung Tag um Tag und Stunde um Stunde mit ihrer Führung bangte und hoffte und schließlich trauerte«.[16] Auch der sozialdemokratische Justizminister Hans-Jochen Vogel befand im Bundestag: »Die Menschen haben in diesen Tagen und Wochen gespürt, dass der Staat mehr sein muss als eine Schönwetterveranstaltung zur Wohlstandsmehrung.«

Die RAF hatte eine totale Niederlage erlitten. Sie war moralisch, politisch und militärisch gescheitert. Sie hatte Argumente für die Demontage des liberalen Rechtsstaats geliefert. Sie hatten den Ruf der radikalen Linken ruiniert. Vor allem anderen hatte die Terrorgruppe ihre Feinde gestärkt.

Die positive Wirkung der RAF war von ihr selbst ungewollt, es war die Wirkung auf die radikale Linke, aus der ihre Kader gekommen waren. Diese Szene verabschiedete sich angesichts der Brutalisierung der RAF und ihrer Niederlage aus dem Krieg mit der Staatsgewalt. Die Linksradikalen begannen alternative Projekte aufzubauen, von Taxi-, Tischler- oder Sonnenenergiekollektiven bis zur »tageszeitung«. Aus dem Desaster der RAF zog die radikale Linke den Schluss, dass es nicht zu rechtfertigen ist, wenn eine kleine Gruppe die Revolution herbeizubomben versucht. Rudi Dutschke, Joschka Fischer, Jürgen Trittin, aber auch Christian Ströbele und Otto Schily und viele andere engagierten sich über kurz oder lang bei den Grünen. Sie machten sich auf den Weg zurück in die Gesellschaft, aus der sie ausgebrochen waren.

Die bizarrste Folge der RAF-Offensive des Jahres 1977 ist eine andere: In 15 Städten Westdeutschlands – von Mönchengladbach bis Trier – sind heute Straßen nach Hanns Martin Schleyer benannt. Indem sie ihn zum Opfer machte, hat die RAF dafür gesorgt, dass er in Deutschland geehrt wird wie kein anderer ehemaliger SS-Offizier.

# Kapitel 8
# Exil und Verrat

Es waren fünf Kriminalpolizisten der untergehenden DDR, die am 6. Juni 1990 für die größte Überraschung in der Geschichte der RAF sorgten. Die Ermittler des Zentralen Kriminalamtes beobachteten den Plattenbau in der Rosenbecker Straße 3 im Ost-Berliner Stadtteil Marzahn. Als eine Frau mit dunkelbraunen Haaren und Pagenschnitt in dem Haus verschwand, gingen sie hinterher und klingelten an der Wohnung 0201.

»Um einen Sachverhalt zu klären«, wie es die Kripomänner formulierten, sollte die Anwohnerin Ingrid B. mitkommen. »Ich möchte gleich zu Beginn meiner Befragung erklären«, gab diese kurz darauf zu Protokoll, »dass meine eigentliche Identität nicht die der B., geborene Jäger, Ingrid ist.« Ihr wahrer Name, sagte sie bei der Vernehmung im Zentralen Kriminalamt in Berlin-Hohenschönhausen, sei »Susanne Albrecht«.

Obwohl sie umgehend festgenommen wurde, war Albrecht erleichtert. Knapp zehn Jahre hatte sie in der DDR als Mensch ohne Vergangenheit gelebt. Zuletzt hatte sie Angst gehabt, verrückt zu werden. Seit sie im Juli 1977 ihrem »Onkel Jürgen« Ponto seine Mörder ins Haus brachte, hatten die Terrorfahnder des Bundeskriminalamtes nach ihr gesucht. Mal hatten BKA-Beamte erklärt, sie lebe in Beirut, mal sollte sie in Nicaragua untergetaucht sein. Nichts davon stimmte. Albrecht hatte klammheimlich im Arbeiter- und Bauernstaat Asyl gefunden. Und nicht nur sie.

Sechs Tage nach Albrecht wurde Inge Viett, die 1980 von der Bewegung 2. Juni zur RAF gekommen war, in Magdeburg festgenommen; zwei Tage darauf in Frankfurt/Oder Monika Helbing und Ekkehard von Seckendorff-Gudent sowie in Senftenberg Christiane Dümlein und Werner Lotze; einen Tag später Sigrid Sternebeck und Ralf Baptist Friedrich in Schwedt an der Oder. Schließlich holten DDR-Kriminalpolizisten am 18. Juni 1990 Silke Maier-Witt und Henning Beer in Neubrandenburg ab. Da waren es dann zehn. Nahezu zehn Jahre hatten die ehemaligen Terroristen beim »kleinen Bruder«, wie die DDR im RAF-Slang hieß, im Exil verbracht.

Die Bundesanwälte, denen es bis dahin nicht gelungen war, die Mordserie der RAF im Jahr 1977 genau aufzuklären, witterten Morgenluft. Sie boten den aus ihrem sozialistischen Alltag gerissenen Ex-Terroristen Strafminderung an, wenn diese als Kronzeugen aussagen würden. Bis auf zwei von ihnen, die bald freikamen, weil der Vorwurf der Mitgliedschaft in einer terroristischen Vereinigung verjährt war, packten alle aus. Schließlich drohten ihnen sonst lebenslange Freiheitsstrafen.

Die Bundesanwälte erfuhren jetzt zum Beispiel, in welch desolater Verfassung sich die RAF nach dem Scheitern der »Offensive 77« und dem Tod der RAF-Führung in Stammheim befunden hatte. »Alle Hoffnungen waren futsch, Ratlosigkeit machte sich breit«, sagte Sigrid Sternebeck aus. Niemand in der Gruppe habe mit einem solchen Ende gerechnet. »Ich war verzweifelt und sah keine Perspektive.« Der größte Teil der Gruppe saß demoralisiert in dem Quartier in Bagdad.[1]

In Europa war es für Mitglieder der RAF wesentlich gefährlicher. Nach einer wilden Schießerei nahmen im November 1977 niederländische Polizisten in Amsterdam Gert Schneider und Christoph Wackernagel fest. Die beiden hatten sich erst kurz zuvor der RAF angeschlossen und sollten für Peter-Jürgen Boock Drogen beschaffen. Der klagte, er habe wahrscheinlich Darmkrebs, ihn quälten ständige Schmerzen, in Wahrheit war er schlicht drogensüchtig. Schneider zogen die Polizisten einen Zettel von Boocks Gefährtin Brigitte Mohnhaupt aus der Tasche: »Das Zeug für Saki (Shit + K) ist nicht zum Vergnügen, d. h. es ist verdammt notwendig + dringend.« Saki war Boocks Deckname, »Shit« stand für Haschisch und »K« höchstwahrscheinlich für Kokain. Nur zwei Monate später wurde Christine Kuby in Hamburg festgenommen, als sie versuchte, mit einem gefälschten Rezept das Schmerzmittel »Fortral« zu kaufen.[2] Auch als Stefan Wisniewski im Mai 1978 in Paris verhaftet wurde, hatte er 44 Ampullen Drogen für Boock im Gepäck.

Willy Peter Stoll, einer der Schützen bei der Entführung Schleyers, wurde im September 1978 in Düsseldorf in einem China-Restaurant von Polizisten erschossen, ebenso Elisabeth von Dyck im Mai 1979 in einer konspirativen Wohnung in Nürnberg. Da etliche RAF-Kader sofort das Feuer eröffnet hatten, um einer Festnahme zu entgehen, machten Polizisten nun im Zweifelsfall keine Gefangenen mehr. Drei Wochen nach dem Tod von Dycks verletzten Fahnder Rolf Heißler bei seiner Festnahme in Frankfurt lebensgefährlich durch einen Kopfschuss.

Anfang 1979 hatte sich etwa die Hälfte der Gruppe in Aden im Lager der Palästinenser eingefunden. Man übte nicht nur mir Pistolen, sondern auch das Schießen mit panzerbrechenden Waffen. Obwohl Brigitte Mohnhaupt ihren Freund Boock immer noch verteidigte, kam die Gruppe überein, ihn auszuschließen. Weil er andere belogen habe, erinnert sich Susanne Albrecht später, und weil er »durch seine Drogensucht bewusst« drei Mitglieder der Gruppe habe »hochgehen lassen«.[3]

Erst im Juni 1979 schlug die RAF zum ersten Mal seit dem Deutschen Herbst des Jahres 1977 wieder zu. Unweit von Brüssel zündete Rolf Klemens Wagner per Funk in einem unter eine Straße getriebenen Stollen einen Sprengsatz, als der Nato-Oberbefehlshaber für Europa Alexander Haig auf dem Weg zum Hauptquartier war. Da Wagner den Plastiksprengstoff Sekundenbruchteile zu spät zündete, erlitten nur drei Personenschützer in einem Begleitfahrzeug leichte Verletzungen. Die Erklärung des »kommandos andreas baader« endete mit dem Satz: »der kampf hört nie auf.«

Die Durchhalteparole galt allerdings nicht für die gesamte Gruppe. Ende 1979 war endgültig klar, dass acht Mitglieder die RAF verlassen wollten. »Ich hatte zu viel Angst, irgendetwas zu machen«, sagte einer von ihnen später. Auch Susanne Albrecht wurde dafür kritisiert, dass sie keinerlei Initiativen entwickle. Die Überzeugten nannten die Zaudernden »Fehler«. Sie in die RAF aufzunehmen, sei ein Fehler gewesen. »Die Tanten konnte man kaum zum Brötchenholen schicken«, lästerte Boock später über Albrecht, Sternebeck und Maier-Witt.

Mohnhaupt und Klar – nachdem Boock in Ungnade gefallen war, das Führungspaar – suchten nach einer Möglichkeit, die Fehler sicher unterzubringen. Zunächst mussten die Aussteigewilligen ihre Waffen abgeben. In zwei Wohnungen in Paris und dann in einem Ferienhaus in Quiberon in der Bretagne warteten sie darauf, dass ein sicheres Exil für sie organisiert würde. Ein sozialistisches Land in der Dritten Welt lag nahe. Um sich für ein neues Leben in Mosambik oder Angola vorzubereiten, lernten die Aussteiger schon einmal Portugiesisch. Doch es kam anders.

Die Fäden zog eine Fachkraft des deutschen Terrorismus: Inge Viett, vormals führende Figur der anarchistischen Bewegung 2. Juni, deren versprengte Reste sich gerade der RAF angeschlossen hatten. Im Frühjahr 1978 hatte sie auf dem Ost-Berliner Flughafen Schönefeld den Stasi-Major Harry Dahl kennengelernt; als sie kurz darauf in der ČSSR zusammen mit zwei anderen Frauen festgenommen wurde, eilte Genosse Harry sofort nach Prag – und eiste das Trio los.

Ende Mai 1980 reiste Viett nach Ost-Berlin. Aus einer Telefonzelle rief sie Dahl an, den Leiter der für Terrorabwehr zuständigen Hauptabteilung XXII. Mit ihm und einem seiner Mitarbeiter besprach sie schon ein paar Stunden später in einem konspirativen Objekt in Klein-Köris, südlich von Berlin, die Exilpläne. Die Stasi-Männer rieten von Afrika ab. Erstens sei die politische Lage dort instabil und zweitens würde eine Gruppe von Weißen in einem afrikanischen Land sofort auffallen. Zur großen Überraschung Vietts machten die Stasi-Genossen einen Gegenvorschlag: »Warum tauchen die nicht bei uns unter?«

Dahl schilderte Stasi-Chef Erich Mielke das Problem und der Genosse Minister sagte nur: »Dann kommen sie doch einfach zu uns.« Die Aufnahme der RAF-Aussteiger, erklärte Dahl dann Viett, sei eine Entscheidung der »Hoheitsträger der Deutschen Demokratischen Republik«. Ob Erich Honecker in die riskante Operation eingeweiht war, ist nicht bekannt, aber wahrscheinlich. Die DDR-Führung ging dabei ein hohes Risiko ein: Hätte die Bundesregierung von der Aufnahme ihrer Todfeinde erfahren, wäre es trotz aller pragmatischen Entspannungspolitik zu einer schweren Krise zwischen Bonn und Ost-Berlin gekommen.

Christian Klar und Wolfgang Beer reisten in die DDR, um Einzelheiten des Asyls zu besprechen. Sie brachten schriftliche Ausführungen der Aussteiger mit, in denen diese ihre Rolle bei der RAF und die von ihnen begangenen Straftaten geschildert hatten. Terroristen, die Morde begangen hatten, so sagten die Stasi-Männer später, wollten sie nicht aufnehmen. Der Rückzug hinter den Eisernen Vorhang war dann perfekt organisiert. Jeder Aussteiger erhielt aus der RAF-Kasse 3000 Mark – »als Startkapital«, sagte Ekkehard Freiherr von Seckendorff-Gudent später aus. Der Hausarzt der RAF hatte auf Bitten von Viett und

Klar »eine Sprecherrolle übernommen«. Keine »Führungsrolle«, wie er betonte.

Wenige Wochen nach der Asyl-Offerte reisten die acht Aussteiger in drei Gruppen gen Osten. »Palästinensische Genossen«, berichtete Lotze später, hätten »mündlich einen konkreten Ablaufplan« übermittelt, so seien er und seine Lebensgefährtin Dümlein von Frankreich aus erst mit dem Zug in die Schweiz nach Genf gefahren, dann über Zürich nach Wien. Von dort aus ging es nach Prag, zunächst ins »Parkhotel«, dann ins Hotel »Solidarität«. Erst als die acht Aussteiger in Prag versammelt waren, reiste Inge Viett an und eröffnete ihnen, dass sie künftig in der DDR leben würden. Eine »freudige Überraschung« war das für Sigrid Sternebeck. »Die Sprache würde vieles erleichtern.« Sie kannte, wie die anderen Aussteiger, die DDR vor allem von Fahrten auf den Transitstrecken nach West-Berlin. Ihr Eindruck: »Nette Leute, gutes, billiges Essen, aber irgendwie schien die Zeit stehen geblieben zu sein.«[4]

Um die Modalitäten der Übersiedlung der RAF-Aussteiger zu besprechen, flog Seckendorff von Prag nach Ost-Berlin und lernte als erster das »Konspirative Objekt 74« kennen, das zur ersten Station der meisten RAF-Aussteiger in der DDR wurde. Die unweit von Briesen bei Frankfurt/Oder gelegene Anlage bestand aus einem zweistöckigen Wohnhaus mit einer Bauernstube für geselliges Beisammensein im Keller.

Am 18. August 1980 flogen Ralf Friedrich und Sigrid Sternebeck nach Berlin-Schönefeld, wo sie zwei Stasi-Männer empfingen und in das »Zentrale Aufnahmeheim der DDR für Erstzuziehende und Rückkehrer« in Röntgental bei Berlin-Pankow brachten. Die RAF-Aussteiger hatten gefälschte westdeutsche Reisepässe dabei; die Hauptverwaltung Aufklärung der Stasi hatte Geburtsurkunden und eine Heiratsurkunde besorgt. Doch als Friedrich ein anderes Geburtsdatum nannte als das in seinem gefälschten

Pass verzeichnete, wurde der Polizist misstrauisch. Einer der Stasi-Begleiter, der in einem Nebenraum über die delikate Einbürgerung wachte, musste eingreifen. Er bremste den pflichtschuldigen Polizisten und brachte die Neubürger nach Schwedt an der Oder.

Als Nächste fuhren Susanne Albrecht, Silke Maier-Witt und Monika Helbing gemeinsam mit dem Zug zum Berliner Ostbahnhof, von wo sie ein Stasi-Betreuer in das konspirative Forsthaus fuhr. Christine Dümlein und Werner Lotze informierte ein Palästinenser, wann es nun in die DDR gehe. Lotze hatte einen holländischen Pass dabei, und das Paar reiste mit der Legende »Geschäftsmann mit Sekretärin«. Als Letzte kamen Ekkehard von Seckendorff und ein zehn Jahre altes Mädchen, dessen Mutter – eine Frau der Bewegung 2. Juni – ein paar Monate zuvor in Paris verhaftet worden war.

Im Forsthaus mussten die Aussteiger ihre gefälschten Pässe und ihre D-Mark wieder abgeben und sich detaillierte Legenden ausdenken. Allesamt waren sie in Madrid, London oder Amsterdam geboren und waren aus politischen Gründen in die DDR übergesiedelt. Zur Übergabe der Staatsbürgerschaftsurkunden organisierten die MfS-Betreuer eigens eine kleine Feier.

Susanne Albrecht hieß nun Ingrid Jäger, war in Madrid geboren und wegen ihrer Ablehnung des Kapitalismus in der BRD in die DDR übergesiedelt. Sie begann ein Fernstudium an der Leipziger Karl-Marx-Universität mit dem Ziel, Englischlehrerin zu werden. Silke Maier-Witt – Angelika Gerlach – schrieb sich in Erfurt ein für den »Facharbeiter Krankenpflege«. Werner Lotze und Christine Dümlein waren Manfred und Katharina Janssen, sie Sekretärin der Betriebsberufsschule des VEB Synthesewerk Schwarzheide, er Ofenfahrer im Dreischichtsystem. Lotze wurde später Schichtleiter und, als begeisterter Ruderer, Trainer bei der Sportgemeinschaft Dynamo Senftenberg.

Langsam erholten die Aussteiger sich von den Strapazen der Illegalität und lebten das kleine Glück der DDR. Sie waren allerdings der Staatssicherheit ausgeliefert. Ihre Stasi-Betreuer hörten ihre Telefone ab, kontrollierten ihre Post und ließen in ihren Wohnungen Wanzen einbauen. Als Seckendorff und Helbing heirateten, fungierten zwei Stasi-Offiziere als Trauzeugen. Die MfS-Männer führten alle Aussteiger als Inoffizielle Mitarbeiter und gaben ihnen Tarnnamen, die alle den Familiennamen »Berger« hatten. Den Bericht »Über die durchgeführte Legalisierung von ehemaligen Kämpfern der RAF« zeichneten Erich Mielke ab und sein Stellvertreter Gerhard Neiber.

Die Stasi-Offiziere führten die aktiven Illegalen der RAF unter »Stern I«, die Aussteiger unter »Stern II«. Ihre Haltung zur Terroristentruppe aus der Bundesrepublik war ausgesprochen widersprüchlich. Einerseits betonten sie stets, dass sie die Strategie des bewaffneten Kampfes in der Bundsrepublik für falsch hielten. Sie versuchten auch führende Illegale in intensiven Diskussionen zur Aufgabe zu überreden. Andererseits räumten die Stasi-Offiziere ein, dass die RAF und die DDR denselben Feind hätten. MfS-Männer bildeten gar sieben aktive RAF-Mitglieder aus, in Sprengstofftechnik und an Waffen bis hin zur sowjetischen Panzerfaust »RPG-7«. Als makabren Höhepunkt eines sechswöchigen Terroristentrainings organisierten die Stasi-Ausbilder eine alte Mercedes-Limousine, drapierten auf den Sitzen vier große Stoffpuppen und leinten im Fond einen Schäferhund an – dann kam das Kommando: Feuer frei! Der Daimler wurde nicht vollständig zerstört; der Hund aber war tödlich verletzt. Einer der Stasi-Ausbilder gab ihm den Gnadenschuss.

Die Bundesanwälte konnten nicht aufklären, wann das Training stattgefunden hatte – schon im Frühjahr 1981 oder erst Anfang des Jahres 1982. Mit einer Panzerfaust »RPG-7« hatte nämlich ein Kommando mit Christian Klar

RAF-Aussteigerin Susanne Albrecht, ganz rechts, als Englischlehrerin Ingrid Jäger im Kreise von Kolleginnen in Köthen in der DDR, um 1982.

und drei weiteren RAF-Kadern am 15. September 1981 in Heidelberg auf die gepanzerte Daimler-Limousine des US-amerikanischen Generals Frederick Kroesen geschossen. Ein Übungsschießen vor diesem Anschlag hätte eine Anklage wegen Beihilfe zum versuchen Mord für die Stasi-Offiziere nach sich ziehen können.

Während sich die Aussteiger im Arbeiter- und Bauernstaat einlebten, veröffentlichte die RAF im Mai 1982 zum ersten Mal seit den von Ulrike Meinhof zehn Jahre zuvor verfassten programmatischen Schriften wieder ein längeres Papier, Titel: »Guerilla, Widerstand und antiimperialistische Front«. »Wir haben 1977 Fehler gemacht«, hieß es darin, »und die Offensive wurde zu unserer härtesten

Niederlage.« Zwar wurde die Entführung der »Landshut« durch verbündete Palästinenser kritisiert, doch es war peinlicher Selbstbetrug, wenn RAF-Kader zum Deutschen Herbst erklärten,»dass wir stärker als vorher daraus hervorgekommen sind«. Es sei jetzt »möglich und notwendig«, so die Devise,»einen neuen Abschnitt in der revolutionären Strategie im imperialistischen Zentrum zu entfalten.«[5]

Daraus wurde nichts. Statt neuem Schwung zeigten sich ernste Auflösungserscheinungen. Verena Becker gehörte zu den Veteraninnen der Gruppe. Zusammen mit ihrer Freundin Inge Viett war sie Anfang der 1970er Jahre nachts durch West-Berlin gezogen, hatte die Schaufenster von Geschäften für Brautkleider verwüstet und die Scheiben von Sexshops eingeworfen. Die kompromisslosen Feministinnen hinterließen Aufkleber mit der Botschaft: »Die schwarze Brau kommt.«

Becker brachte Viett mit Bommi Baumann und einem zweiten Mann der Bewegung 2. Juni zusammen, die sie prompt für den Untergrund rekrutierten. »Plötzlich entdecke ich«, so schrieb Inge Viett später über Becker, »hinter dem veschmitzten Mädchengesicht eine entschlossene junge Frau.« Doch schon die erste größere Aktion der beiden ging schief. Nachdem am Bloody Sunday im Januar 1972 britische Soldaten in Derry 13 katholische Demonstranten erschossen hatten, beschloss die Gruppe, im britischen Jachtclub in West-Berlin eine Bombe zu legen. Diese zündete nicht, aber ein deutscher Bootsbauer, der den Sprengsatz fand, wurde getötet, als er ihn versehentlich zur Explosion brachte. Becker wurde verhaftet und zu sechs Jahren Jugendhaft verurteilt. Bommi Baumann gab bei der Stasi über sie zu Protokoll: »Ist sehr sensibel und schüchtern, aber auch militant.«

Zum zweiten Mal verurteilt wurde Becker im Dezember 1977. Das Oberlandesgericht Stuttgart verurteilte sie

Verena Becker nach ihrer Verurteilung wegen Mordversuchs in Stuttgart-Stammheim, Dezember 1977.

zu lebenslang, wegen sechsfachen Mordversuchs bei der Schießerei in Singen, die ihrer Festnahme vorausgegangen war. In Stammheim saß sie in strenger Einzelhaft. Im Frankfurter Frauengefängnis Preungesheim war sie dann mit einer jungen Fixerin zusammen, doch die spritzte sich eine Überdosis. Nach ihrer Verlegung nach Köln-Ossendorf war sie im Sommer 1981 mit ihren Kräften am Ende. Als sie sich beim Verfassungsschutz als Informantin anbot, konnten die notorisch erfolglosen Beamten ihr Glück kaum fassen. Jahrelang hatte der von Ulrike Meinhof »Familienbulle« genannte BKA-Beamte Alfred Klaus versucht, mithilfe der Eltern und von Besuchen bei den RAF-Gefangenen, diese zu Aussagen zu verleiten. Verfassungsschützer hatten Geld geboten, neue Identitäten und Starthilfe für ein neues Leben in Übersee. Vergeblich. Nur Randfiguren und Hilfskräfte der RAF hatten ausgepackt.

Mit Verena Becker wollte zum ersten Mal jemand reden, der zur Führung der Gruppe gezählt hatte. Die Verfassungsschützer erfanden die Legende, dass Becker an Tuberkulose erkrankt sei und zeitweise in ein anderes Gefängnis verlegt würde, dann sagte sie zwei Wochen lang in einer konspirativen Wohnung in Köln aus. »Sie wusste sehr viel«, sagt ein Ex-RAF-Mitglied. »Sie kannte Depots und sie hatte an wichtigen Diskussionen der Gruppe teilgenommen.« Vor allem brach Becker auch ein Tabu der RAF. Sie sprach darüber, wer an welchen Aktionen beteiligt war. Die Verfassungsschützer fassten Beckers Aussagen im März 1982 in zwei Berichten zusammen und schickten diese an die Bundesanwaltschaft in Karlsruhe. Becker bekam ein Honorar von knapp 5000 Mark.

Nicht lange nach dem Überlaufen Beckers wurde die RAF-Frau Sieglinde Hofmann ins Gefängnis Köln-Ossendorf verlegt. Als die ehemalige Medizinstudentin im Mai 1980 in Paris verhaftet worden war, hatte BKA-Chef Horst Herold sie als »Stabschefin der Mohnhaupt« charakterisiert. Hofmann und Becker hatten in Köln-Ossendorf gemeinsamen Umschluss. Die Verfassungsschützer hofften, Becker würde Hofmann abschöpfen, ihr Details über die RAF-Aktionen des Jahres 1977 entlocken und weitergeben. Doch es kam anders.

Vom schlechten Gewissen gequält, gestand Becker Hofmann ihren Verrat. Hofmann wiederum warnte die übrigen RAF-Gefangenen. »Die Becker hat sich zunächst damit rauszureden versucht«, erinnert sich ein ehemaliges RAF-Mitglied, »dass Boock, der nach seinem Ausstieg im Januar 1981 in Hamburg verhaftet worden war, ohnehin schon alles ausgeplaudert hätte – aber das hat er erst zehn Jahre später getan.« Dann habe Becker angeboten, sich umzubringen. »Aber das fanden wird total absurd und haben es sofort abgelehnt. Wenn sie dies tun würde, haben wir ihr angedroht, machen wir ihren Verrat öffentlich.« Becker wurde aus der RAF verstoßen, die Kommunikation mit ihr gekappt.

Sogar Beckers alte Freundin Inge Viett erfuhr in der DDR von derem Überlaufen. Deprimiert berichtete sie einem ihrer Stasi-Betreuer davon, doch der war bereits im Bilde. Durch Spione im Bundesamtes für Verfassungsschutz wussten Mielkes Männer längst, »dass die Becker umgedreht worden war«, wie es ein ehemaliger Stasi-Major ausdrückt.

Am 11. November 1982 hatten sich zwei mit einem Klappspaten ausgerüstete Frauen in einem Wald bei Heusenstamm südlich von Offenbach dem wichtigsten Depot der RAF genähert. GSG-9 Männer hatten keine Mühe, Brigitte Mohnhaupt und Adelheid Schulz festzunehmen. Das BKA verbreitete die Legende, dass Pilzsammler das einen halben Meter unter der Erdoberfläche verborgene Zentraldepot entdeckt hätten. Glaubhafter sind Informationen eines ranghohen ehemaligen Polizisten. Er sagt, Verena Becker habe den Verfassungsschützern den entscheidenden Tipp gegeben.

Nur fünf Tage später lagen in der Nähe eines anderen Depots mit dem Decknamen »Daphne« im Sachsenwald unweit von Hamburg mehrere Dutzend Polizisten auf der Lauer. Der Mann im Trainingsanzug, der ihnen in die Arme lief und sich widerstandslos festnehmen ließ, war Christian Klar. Nun waren alle Vertreter der zweiten Generation außer Gefecht gesetzt. Die RAF war – wie schon im Sommer 1972 und Frühjahr 1975 – wieder auf dem Nullpunkt angelangt. Sie existierte nur noch in Gestalt von Gefangenen. Die Steckbriefe mit jenen Terroristen darauf, die in der DDR hatten abtauchen können, waren Makulatur. Insgesamt 3459 Hinweise »aus fast allen Kontinenten« registrierte das Bundeskriminalamt zu diesen Gesuchten, aber sie waren fast alle falsch. Fast.

Am 13. Juni 1985 gab auf der Polizeistation im schwäbischen Möglingen ein junger DDR-Übersiedler zu Protokoll, er sei absolut sicher, dass die als Terroristin gesuchte Silke Maier-Witt in seiner ehemaligen Heimat lebe: »Ich habe mit ihr an der Medizinischen Hochschule Weimar studiert.« Monate später konnte er bei einer Befragung durch BKA-Beamte ihren Namen nachliefern: »Angelika Gerlach«, wohnhaft in Erfurt. Name und Wohnort stimmten tatsächlich, und die Stasi-Oberen wurden nervös – zumal die Meldung über das brisante Wissen der »gegnerischen Sicherheitsorgane« vom russischen Bruderdienst KGB kam, der einen westdeutschen Dienst angezapft hatte. »Du musst sofort aus Erfurt verschwinden«, erklärte ein MfS-Hauptmann seiner Inoffiziellen Mitarbeiterin »Anja Weber« alias Angelika Gerlach alias Silke Maier-Witt. Gemeinsam wurde Maier-Witts Wohnung in der Moskauer Straße 18, wie in ihren RAF-Tagen, sofort »gecleant«. Einen Tag später nahm sie Urlaub, kündigte und kehrte nicht mehr in die Augenstation der medizinischen Akademie in Erfurt zurück.

In Ost-Berlin erhielt sie ihre nächste Identität: Sylvia Beyer, geboren am 18. Oktober 1948 in Moskau. Aber damit nicht genug: Auf Weisung ihres Führungsoffiziers unterzog sie sich auch einer Gesichtsoperation und ließ sich ihre »ausgebogene Nase« begradigen. Nach einer kleinen Odyssee durch fünf konspirative Wohnungen in Ost-Berlin und im Umland wurde sie »Leiterin der Informationsstelle« im VEB Pharma Neubrandenburg.

Während die Stasi die RAF-Aussteigerin »umtopfte«, versuchten die Terrorfahnder des Bundeskriminalamtes die Aussage des Kommilitonen von Maier-Witt zu überprüfen. Sie baten den BND und die CIA um Hilfe, doch ein BKA-Mann notierte frustriert: »Zurückliegend hat der BND kein brauchbares Ergebnis gebracht. Es wurden vielmehr die Ermittlungsmaßnahmen um ca. neun Monate verzögert.«[6] Ein BKA-Beamter übergab daraufhin diskret dem Sicherheitsbeauftragten der Ständigen Vertretung der DDR in Bonn ein Non-Paper, ohne Briefkopf und Unterschrift, mit Fragen zu Angelika Gerlach. Es blieb unbeantwortet. Im März 1988 bat ein Referatsleiter aus dem Bundesjustizministerium auf einem Empfang in der Ständigen Vertretung der BRD in Ost-Berlin einen ihm bekannten Kollegen aus dem DDR-Justizministerium um Fahndungshilfe. Zwei Jahre nach dem Hinweis auf die RAF-Aussteigerin kam überraschend eine Antwort: »Die Überprüfung der von Ihnen benannten Person hat bestätigt, dass sie sich nicht in der DDR aufhält.« Das war nicht einmal gelogen; eine Angelika Gerlach gab es zu diesem Zeitpunkt, im Frühjahr 1988, nicht mehr. Auf ein förmliches Rechtshilfeersuchen verzichtete die Bundesregierung, um ihre Entspannungspolitik nicht zu gefährden.

Ingrid Jäger, wie Susanne Albrecht in der DDR hieß, lernte in Cottbus einen Physiker kennen und lieben. Sie heiratete ihn und bekam einen Sohn. Doch als sie ihren Mann in das Geheimnis ihrer Vergangenheit einweihen wollte, untersagte das ihr Stasi-Betreuer. Im September 1986 lag ein anonymes Schreiben im Briefkasten ihrer Wohnung in Köthen: »Wie kann man nur mit so einer Vergangenheit leben?« Die Stasi fand schnell heraus, dass Kolleginnen im West-Fernsehen eine Dokumentation von Stefan Aust über die RAF gesehen und eine verblüffende Ähnlichkeit zwischen der westdeutschen Terroristin Susanne Albrecht und ihrer ostdeutschen Kollegin festgestellt hatten.

Die Betreuer brachten Albrecht und ihren Sohn sofort in einem Einfamilienhaus in Wandlitz, nördlich von Berlin unter; dann besorgten sie ihr eine Wohnung in Marzahn und ihrem Mann eine Arbeit in Dresden. Da das den Stasi-Männern noch immer zu riskant schien, sorgten sie dafür, dass Albrechts Mann im Februar 1988 nach Dubna delegiert wurde, rund hundert Kilometer nördlich von Moskau. Sie und ihr Sohn kamen mit in die Sowjetunion. Das Ehepaar arbeitete nun am Vereinigten Institut für Kernforschung und kam nur noch in den Ferien in die DDR.

Inge Viett, die sich zwei Jahre nach den »Fehlern« auch in die DDR abgesetzt hatte, wurde ebenfalls erkannt. Eine Bekannte entdeckte ein Foto von ihr bei einer Reise in Frankfurt/Main auf einem Fahndungsplakat und identifizierte sie anhand einer Narbe an der Hand. Viett musste nach dreieinhalb Jahren Hals über Kopf wieder aus Dresden verschwinden; die Stasi schickte sie nach Magdeburg. Dort leitete sie im Schwermaschinenkombinat »Karl Liebknecht« den Bereich Kinderferienlager.

Bis 1985 trafen sich Aussteiger einmal im Jahr in dem Konspirativen Objekt 74 mit ihren Stasi-Betreuern, um bei Schnaps und Bier den Tag ihrer Einbürgerung zu feiern. Niemand klagte über den Realen Sozialismus. »Alle Personen«, konstatierte ein Stasi-Offizier, »haben sich fest in das berufliche und öffentliche Leben eingegliedert.« Sie lebten mit einer falschen Identität im für sie richtigen System. Das Leben in der DDR entsprach »in vielem dem«, so Lotze später, »wie ich es mir vorgestellt hatte, bevor ich zur RAF ging«.

Nach ihrer Verhaftung schrieb Inge Viett alias Eva-Maria Schnell einen Brief an ihr »Liebes Kollektiv«, in dem sie zu einer Hymne auf ihre neue Heimat ansetzte: »Ein Land, das sich die Werte, für die ich lebte, auf seine Fahnen, seine Verfassung und Gesetze geschrieben hat: Antifaschismus, Solidarität, Völkerfreundschaft und Kollektivität. Für diese gesellschaftlichen Ziele hab ich all die Jahre in der DDR mit großer Kraft gelebt und gearbeitet. Es sind die wichtigsten Jahre in meinem Leben.«[7]

# Kapitel 9
# Die dritte Generation

Die Geschichte der RAF ist auch die Geschichte von Fehlern, teilweise grotesken Fehlern. Pistolen dienten den Illegalen als Mitgliedsausweis, aber sie stellten auch ein beständiges Risiko dar. Am 2. Juli 1984 hatten sich sechs RAF-Kader in einer konspirativen Wohnung in Frankfurt am Main versammelt. Wem es passierte und warum, ist unklar, auf jeden Fall ging jemandem eine Pistole los. Das Projektil durchschlug den Fußboden und landete in der darunter liegenden Wohnung eines Elektromeisters. Der saß gerade mit einem Bier vor dem Fernseher und sah die »Tagesschau«, als er ein Geräusch hörte, als sei in der Wohnung über ihm ein Stuhl umgefallen.

Erst als eine ihm unbekannte Frau klingelte und erzählte, ihr sei in der Wohnung über ihm Wasser ausgelaufen, ob etwas durchsickere, sah der Mann sich um. Jetzt erst entdeckte er ein Loch in der Decke, sah das Projektil im Fußboden stecken und rief die Polizei. Sieben Streifenbeamte marschierten in die Wohnung und fanden in einer Kammer sechs RAF-Mitglieder, die sich widerstandslos festnehmen ließen: Helmut Pohl, Christa Eckes, Stefan Frey, Ingrid Jakobsmeier, Barbara Ernst und Ernst-Volker Staub.

In dem Frankfurter Unterschlupf konnten die Fahnder zudem 8400 Blatt Dokumente beschlagnahmen: vor allem Strategiepapiere und Ausspähungsunterlagen. In Letzteren fanden sich Hinweise auf spätere RAF-Opfer, zum Beispiel auf die Manager Ernst Zimmermann und Karl-

Heinz Beckurts. Bei den Verhafteten handelte es sich um eine Aufbaugruppe der RAF, die den Kampf auch nach der Verhaftung der letzten Kader der zweiten Generation weiterführen wollte. Als die Stasi-Offiziere, die die RAF-Aussteiger in der DDR betreuten, von den Umständen der Verhaftung erfuhren, sagten sie sich: »Mit solchen Amateuren wollen wir nichts mehr zu tun haben.«[1]

Aber warum war die so jämmerlich gescheiterte Gruppe überhaupt in den Untergrund gegangen? Warum hatten nicht schon Mohnhaupt, Klar und weitere Vertreter der zweiten Generation nach der katastrophalen Niederlage im Deutschen Herbst 1977 die Waffen niedergelegt? Warum fanden sich immer wieder Nachfolger, die den hoffnungslosen Krieg gegen Kapitalismus und Staat weiterführten? Den Einsteigern musste doch klar sein, dass am Ende des Weges in den Untergrund höchstwahrscheinlich der Tod oder eine lebenslange Gefängnisstrafe auf sie wartete.

Die RAF-Mitglieder waren, trotz ihrer Theorie vom internationalen Befreiungskampf, sehr deutsch. So wie ihre Väter auch in hoffnungsloser Lage im Krieg nicht aufgegeben hatten, kam Kapitulation für sie nicht infrage. Und man kämpfte schon deshalb weiter, um die Niederlage nicht einzugestehen. Man wähnte sich auf der richtigen Seite der Geschichte und kämpfte für den Endsieg. Birgit Hogefeld sollte nach ihrer Verhaftung selbstkritisch feststellen: »Das Sture, das Dogmatische, die Tatsache, dass wir bis in die neunziger Jahre unseren eingeengten Horizont verteidigt haben. Das war sehr deutsch.«[2]

Diese Mentalität verband die RAF-Terroristen mit den Vertretern des angegriffenen Staates. Auch die allermeisten Politiker, Bundesanwälte und Polizisten kannten keine flexible Taktik und keinen Kompromiss. Vor allem die harten Haftbedingungen der RAF-Gefangenen hatten dafür gesorgt, dass der Terrorgruppe wie einer Hydra stets neue Köpfe nachgewachsen waren. Doch auch nach dem Deutschen Herbst wurden die meisten RAF-Gefangenen weiterhin über Jahre in strenger Einzelhaft isoliert. In Hochsicherheitstrakten kämpften sie verzweifelt um ihre politische Identität und konservierten ihre Wahnbilder.

Patrick von Braunmühl, Sohn des von der RAF ermordeten Diplomaten Gerold von Braunmühl, glaubt, »mit den zum Teil rigiden Haftbedingungen und der Einschränkung der Verteidigerrechte« sei der Terrorgruppe »eher noch zugearbeitet« worden. Und Braunmühl sagt: »Der Paragraph 129a, mit dem Tausende wegen Unterstützung einer terroristischen Vereinigung strafrechtlich verfolgt wurden, auch wenn sie nur Texte der Terroristen dokumentierten, um sie kritisch zu diskutieren, das halte ich zum Beispiel für einen schweren Fehler, der damals gemacht wurde.« Wenn eine aktive Auseinandersetzung mit der RAF geführt worden wäre, glaubt Braunmühl, hätte sich vielleicht die Entstehung der dritten Generation verhindern lassen.[3]

Die dritte und letzte Generation der Gruppe formierte sich im Frühjahr 1984. Eine moderne Variante der Nibelungentreue war es, die drei langjährige RAF-Unterstützer dazu brachte, in den Untergrund zu gehen: die Wiesbadener Birgit Hogefeld und Wolfgang Grams sowie die Schwäbin Eva Haule. Sie alle hatten über Jahre RAF-Mitglieder im Gefängnis besucht. Grams habe beim Wiederaufbau, so schrieb Haule später, »als die RAF faktisch zerschlagen war«, eine entscheidende Rolle gespielt. »Ohne ihn und seine Zähigkeit, mit der er alle praktischen Probleme angefasst und gelöst hat, wäre das nicht gegangen. Wir waren wenige, hatten so gut wie nichts in der Hand, kaum Waffen, kein Geld, wenig Erfahrung in der Organisierung der Illegalität.«

Wolfgang Grams war schon bei der Besetzung des Amnesty-International-Büros im Herbst 1974 dabei. Als nach der Erschießung Willy Peter Stolls im September 1978 in dessen Notizbuch Hinweise auf Kontakte von Grams zur RAF gefunden worden waren, wurde er verhaftet und in Frankfurt in Einzelhaft gesteckt. Er trat in einen Hungerstreik. Die Entschädigung von zehn Mark pro Tag, die er für die 152 Tage Untersuchungshaft bekam, konnte ihn nicht mit dem Staat versöhnen. Seine Freundin Birgit Hogefeld schrieb über den ehemaligen Mathematikstudenten und Taxifahrer: »Wolfgang war ein sehr ruhiger, eher in sich gekehrter Mensch«, dem »Hektik und jede Form von Stress« zuwider waren.

Für Birgit Hogefeld war der Hungertod des RAF-Mannes Meins das entscheidende Erlebnis. »Das Bild des toten Holger Meins werden die meisten, die es gesehen haben, ihr Leben lang nicht vergessen«, sagte sie später. »Dieser ausgemergelte Mensch« habe große Ähnlichkeit »mit den Toten von Auschwitz« gehabt.[4] Die Jurastudentin und Orgellehrerin galt bei den Illegalen allerdings als so fanatisch, dass diese sie zunächst nicht aufnehmen wollten. »Die gurgelt morgens mit Salzsäure«, wurde über sie gelästert.

Vier Monate nach den peinlichen Verhaftungen von Frankfurt zeigte sich, dass es die RAF doch noch gab. Mitglieder der Terrorgruppe erbeuteten bei einem Überfall auf ein Waffengeschäft in Maxdorf bei Ludwigshafen unter anderem 22 Pistolen und 2800 Schuss Munition. Das Arsenal war wieder gut gefüllt. Einen Monat später – am 18. Dezember 1984 – stellte ein RAF-Mitglied einen Audi 80 mit einer 25-Kilo-Bombe im Kofferraum auf dem Parkplatz der Nato-Schule in Oberammergau ab – doch der Zündmechanismus versagte. In einer Erklärung, »warum wir das Ziel der Aktion nicht erreicht haben«, hieß es: »der zeitzünder war so eingestellt, dass die ladung um 9.30 Uhr hochgeht – weil um diese zeit die meisten militärs in der schule sind.«[5]

Führungspaar der dritten Generation, Wolfgang Grams und Birgit Hogefeld.

Die RAF hatte inzwischen eine Allianz mit einer kleinen französischen Terrorgruppe geschlossen, der Action Directe. Ende Januar 1985 erschoss ein Kommando der Action Directe unweit von Paris einen Direktor des Verteidigungsministeriums. Wie eng die Gruppe mit der RAF liiert war, zeigte die Kommandoerklärung. Sie war von einem »kommando elisabeth von dyck« unterzeichnet, benannt nach der 1979 in Nürnberg von Polizisten erschossenen RAF-Frau.

Eine Woche nach dem Mord in Frankreich klingelte eine zierliche Frau am Bungalow des Managers Ernst Zimmermann in Gauting bei München. Sie gab sich als Postbotin aus, die eine Unterschrift vom Hausherrn brauche. Als Frau Zimmermann sie hereinbat, tauchte ein Mann mit Maschinenpistole auf. Das Duo fesselte Frau Zimmermann, dann führte es den Vorstandsvorsitzenden der Firma MTU, die Turbinen für Tornado-Kampfjets und Motoren für Leopard-Panzer baut, in das Schlafzimmer. Zimmermann wurde mit einem Schuss in den Kopf ermordet. Die dritte Generation der RAF hatte zu ihrer Genickschusstaktik gefunden. Den Fahndern wurde auch schnell klar, dass die Gruppe handwerklich wesentlich professioneller arbeitete als ihre Vorgänger. Obwohl die Mörder Zimmermanns keine Handschuhe trugen, hinterließen sie keine Fingerabdrücke. Sie hatten sich offenbar ihre Hände mit einem Verbandsspray spurensicher gemacht.

Die neuen Mitglieder der RAF schlüpften auch nicht mehr bei Freunden unter wie Ulrike Meinhof oder mieteten mit falschen Papieren Wohnungen wie das ihre Vorgänger getan hatten. Stattdessen übernahmen sie Studentenbuden, deren Mieter für längere Zeit ins Ausland gingen. Solche Untermieter konnte das BKA auch mittels verfeinerter Rasterfahndung nicht mehr aufspüren. Autos wurden höchstens für Anschläge gemietet, gewöhnlich bewegten sich die Terroristen – ökologisch korrekt – mit öffentlichen Verkehrsmitteln. Sogar Generalbundesanwalt Kurt Rebmann räumte ein, dass er die handwerklichen Fähigkeiten der RAF-Kader bewundere: »Das sind die Deutschen, die sind super, diese geschliffene Kriminalität ist in Europa einmalig.«[6]

Theoretisch und politisch aber ließ sich bei der dritten Generation der RAF ein deutlicher Abstieg diagnostizieren. »Wir mussten zu jedem Text, jedem Bekennerschreiben der ersten Generation Arbeitsstäbe von mehreren Mann einrichten«, beschrieb der BKA-Beamte Günther Scheicher die Popularisierung der RAF-Erklärungen. »Dagegen waren die Schriftstücke der dritten Generation die reinste Bettlektüre.«[7] Für den RAF-Experten bestand der Qualitätsverlust der RAF auch darin, dass nun »ihr Kern nur noch aus konturlosen Figuren ohne Charisma bestand«.

Auf den brutalen Zimmermann-Mord folgte ein Anschlag, mit dem die Gruppe auch noch die allerletzten der ohnehin schon minimalen Sympathien in der linksradikalen Szene verspielte. Am 7. August 1985 machte eine Frau in der Wiesbadener Diskothek »Western Saloon« dem zwanzigjährigen US-Soldaten Edward Pimental schöne Augen. Der Amerikaner verließ in Erwartung eines sexuellen Abenteuers mit ihr die Disco – und wurde am nächsten Morgen erschossen in einem Wald bei Wiesbaden gefunden.

Warum er sterben musste, zeigte sich schon kurz nachdem seine Leiche gefunden wurde: Auf dem Parkplatz der Rhein Main Air Base explodierte eine Autobombe. Ein US-Soldat und eine Zivilangestellte kamen zu Tode, 23 weitere Menschen wurden verletzt. Die dritte Generation kopierte die Bombenkampagne gegen das US-Militär der RAF-Gründer im Mai 1972. Die Attentäter hatten Pimentals Dienstausweis benutzt, um auf das Gelände des US-Stützpunkts zu gelangen. Etliche Linke, auch RAF-Gefangene wie Karl-Heinz Dellwo, kritisierten öffentlich den Mord an dem jungen US-Soldaten. Die Illegalen erklärten dazu: »Wir haben nicht diesen verklärten, sozialarbeiterischen Blick.«

Die RAF-Kader der dritten Generation waren in der Tat keine verklärten Romantiker. Im Juli 1986 sprengte eines ihrer Kommandos die BMW-Limousine des Siemens-Vorstandsmitglieds Karl-Heinz Beckurts. Er und sein Fahrer Eckhard Groppler kamen zu Tode. Beckurts, der sich für den Ausbau der Atomenergie eingesetzt hatte, wurde ermordet, weil sich die RAF bei der Anti-AKW-Bewegung anbiedern wollte.

»Wir hätten im Grunde 1977, spätestens aber nach den Verhaftungen 1984 aufhören sollen«, sagt heute ein Mann der zweiten RAF-Generation, der damals im Gefängnis saß. »Ab Mitte der achtziger Jahre hatten die Aktionen überhaupt keine Linie mehr. Es gab keine politische Perspektive mehr.« Einzelne RAF-Gefangene versuchten, auf die

Illegalen Einfluss zu nehmen. Aber es fehlte die Einigkeit unter ihnen.

Wer zur dritten Generation zählte, ist bis heute nur teilweise geklärt. Sicher ist, dass es sich um eine deutlich kleinere Gruppe handelte als die zwanzig Köpfe starke Truppe, die im Herbst 1977 die Machtfrage stellte. Deren Nachfolger versuchten sich auch nicht mehr mit Entführungen oder anderen logistisch aufwändigen und personalintensiven Aktionen. Die »Kommandoebene«, wie die Terrorfahnder die RAF-Illegalen nannten, um sie von Feierabendterroristen, Unterstützern und Sympathisanten zu unterscheiden, hatte wahrscheinlich rund zehn Mitglieder. Eine zentrale Position nahmen Hogefeld und ihr Freund Grams ein. Das Paar bildete die Doppelspitze, so wie vor ihnen Gudrun Ensslin und Andreas Baader und das Duo Brigitte Mohnhaupt und Peter-Jürgen Boock.

Einer der seltenen Fahndungserfolge gelang der Polizei am 2. August 1986 in Rüsselsheim, vier Wochen nach dem Mord an Beckurts und seinem Fahrer. In dem Eiscafé »Dolomiti« fielen einem Gast zwei junge Frauen und ein Mann auf, die stets hastig auf ihrem Tisch ausgebreitete Papiere verdeckten, sobald jemand in ihre Nähe kam. Polizeibeamte nahmen das Trio fest. Eine Frau hatte zwar eine Pistole unter ihrem Rock stecken, aber zog sie nicht. Anhand von Fingerabrücken wurde sie als Eva Haule identifiziert. Das Pärchen, mit dem sie sich traf, um einen Anschlag auf das Ministerium für wirtschaftliche Zusammenarbeit in Bonn zu besprechen, gehörte zu einer »Kämpfenden Einheit« aus legalen Unterstützern. Von der Festnahme Haules bis zur Ergreifung des nächsten RAF-Mitglieds sollten sieben Jahre vergehen.

Und die Verhaftung Haules konnte die RAF-Killer auch nicht stoppen. Am Abend des 10. Oktober 1986 stieg Gerold von Braunmühl, Leiter der politischen Abteilung II im Auswärtigen Amt in Bonn vor seinem Haus aus einem

Taxi. Als der Diplomat seine Aktentaschen aus dem Kofferraum hob, tauchte eine kleine vermummte Person auf und schoss dem Diplomaten dreimal in den Oberkörper. Der schleppte sich noch auf die andere Straßenseite, wo ihm ein zweiter Vermummter zweimal in den Kopf schoss.

Bei einer der Tatwaffen handelte es sich um jene Smith & Wesson, mit der auch Hanns Martin Schleyer erschossen wurde und die bis heute nicht gefunden wurde. Der in der Öffentlichkeit kaum bekannte Braunmühl galt dem »kommando ingrid schubert« als »zentrale figur in der formierung westeuropäischer politik im imperialistischen gesamtsystem«. Irmgard Möller, RAF-Frau der ersten Generation, sagte dagegen später: »Die Ermordung von Gerold von Braunmühl war falsch.«[8]

Die fünf jüngeren Brüder Braunmühls reagierten mit einem ungewöhnlichen und mutigen Schritt: Sie veröffentlichten in der »taz« einen offenen Brief »an die Mörder unseres Bruders«. Darin schrieben sie: »Eure Sprache ist wie Beton. Fest verbarrikadiert gegen kritisches Denken, gegen Gefühle und gegen jede Wirklichkeit, die sich ihren erstarrten Begriffen nicht fügen will.« Der Brief endete mit dem Appell: »Einer menschenwürdigen Welt werdet Ihr uns mit Euren Morden kein Stück näher bringen. Hört auf. Kommt zurück.«[9]

Der Brief der Braunmühl-Brüder entfachte eine heftige öffentliche Debatte: Generalbundesanwalt Kurt Rebmann empörte sich darüber, dass die Brüder den Dialog mit Mördern suchten. Linke und Linksliberale hingegen unterstützten den Versuch, die Fronten zu durchbrechen. Doch die Adressaten des Briefes, die Kader der RAF, blieben stumm.

Nach einem gescheiterten Attentat auf den Finanzstaatssekretär Hans Tietmeyer im September 1988 in Bonn, herrschte über ein Jahr Ruhe. Generalbundesanwalt Kurt

Rebmann verkündete, die RAF sei »nicht mehr so gefährlich wie früher.«¹⁰ Doch dann ging ein RAF-Kommando mit einer technischen Präzision ans Werk, die Politikern und Wirtschaftsmanagern das Blut in den Adern gefrieren ließ.

Als der Vorstandssprecher der Deutschen Bank, Alfred Herrhausen, am 30. November 1989 durch Bad Homburg zur Arbeit gefahren wurde, detonierte eine auf einem Fahrrad abgelegte, mit TNT gefüllte Hohlladungsmine. Die Explosion erfolgte so exakt, dass auch die schwere Panzerung der Daimler-Limousine nichts nützte. Der Bankier und Vertraute von Bundeskanzler Helmut Kohl starb von Splittern tödlich getroffen. Punktgenau gezündet worden war der Sprengsatz mittels einer Lichtschranke.

Die einzige Spur, die die Täter hinterließen, waren ein paar Haare – sie klebten in einer gehärteten Asphaltmasse, mit der die Terroristen einen 88 Meter langen, in den Bürgersteig gestemmten Schlitz für das Aktivierungskabel wieder verschlossen; der kleine Brocken liegt als Asservat im BKA, aber noch kann er keine Erkenntnisse liefern. »Wir bekommen die Haare nicht heraus, ohne sie zu zerstören«, sagt ein Fahnder. Vielleicht hilft irgendwann einmal eine neue Technologie.

Nach einem gescheiterten Attentat auf Innenstaatssekretär Hans Neusel im Juli 1990 bei Bonn, versucht die RAF ein Dreivierteljahr später bei den Ostdeutschen, die sich durch die Deutsche Einheit betrogen sahen, Punkte zu machen. Terroristen erschossen am 1. April 1991 mit einem Präzisionsgewehr den Treuhandchef Detlev Karsten Rohwedder im Arbeitszimmer seines Hauses in Düsseldorf. Es sei ihnen dabei, erklärte Birgit Hogefeld später, »um die Annäherung an die legale Linke« gegangen.¹¹ Ein auf einem am Tatort zurückgelassenen Handtuch gefundenes Haar wurde später mittels DNA-Analyse Wolfgang Grams zugeordnet.

Dank DNA-Analysen gelang es den Terrorfahndern auch, einen Anschlag in Budapest größtenteils aufzuklären. Dessen Urheber war Horst Meyer, der in Stuttgart einen Kiosk gepachtet hatte und Zeitungen verkaufte, bevor er 1984 abtauchte und sich der RAF anschloss. Anfang 1987 reiste Meyer mit vier Kampfgenossen nach Damaskus, wo die Deutschen sich bei Palästinensern in bewährter Manier militärisch ausbilden ließen. Im Spätsommer 1991, so konnte die Bundesanwaltschaft rekonstruieren, fuhr Meyer mit seiner Lebensgefährtin Andrea Klump von Athen nach Budapest. Er bereitete eine Aktion vor und mietete dafür Wohnungen und Autos. Zudem ermittelte er die Routen, auf der ein Bus einmal in der Woche vom Budapester Ostbahnhof zum Flughafen fuhr.

Am 23. Dezember 1991 war es so weit. Meyer und zumindest ein nicht identifizierter Tatgenosse stellten an einer Schnellstraße im 18. Bezirk der ungarischen Hauptstadt einen Fiat Tipo ab. Im Kofferraum des Mietwagens hatten sie zwanzig Kilogramm hochexplosiven plastischen Sprengstoff deponiert. Um eine durchschlagende Wirkung zu erzielen, hatten sie den Sprengstoff mit Stahlkugeln und -nägeln drapiert.

Meyer, der diesen Job für die »Bewegung für die Befreiung von Jerusalem« erledigte, saß in etwa 250 Meter Entfernung in einem anderen Wagen. Als sich das Zielfahrzeug gegen 9 Uhr 30 näherte, brachte der gelernte Starkstromelektriker die Höllenmaschine mit einem Hochfrequenzsender zur Detonation. Die Bombe drückte in einem Umkreis von bis zu 1000 Metern Scheiben ein, doch explodierte ein paar Sekunden früher als geplant. Sie erwischte einen dem Bus vorausfahrenden Polizeistreifenwagen und verletzte die beiden darin fahrenden Polizisten schwer. Die dreißig Insassen des Busses aber kamen mit dem Schrecken und eine paar Kratzern davon. Es waren Auswanderer aus der Sowjetunion, die von Kiew mit dem Zug nach Budapest gereist waren. Vorwiegend Familien mit kleinen Kindern; Juden, auf dem Weg nach Israel.

Tiefer als Meyer kann man als deutscher Linker nicht sinken. Er kam 1999 in Wien bei einer Schießerei mit der Polizei ums Leben.

Die Lage nach der Ermordung von Herrhausen und Rohwedder war für die Ermittler deprimierend. Seit fünf Jahren hatten sie kein Mitglied der RAF mehr verhaften können. Die bedrohten Politiker und Wirtschaftsmanager ließen sich nicht wirksam schützen. Die Botschaft der RAF lautete bei jedem Attentat: Wen wir kriegen wollen, den kriegen wir auch.

Die allermeisten der mit der RAF konfrontieren Politiker betrieben nach wie vor einen gründlichen Selbstbetrug. Sie erklärten stur, die RAF-Terroristen seien gewöhnliche Kriminelle und würden auch wie solche behandelt. Nur warum hatte der Bundestag dann eine ganze Serie von Sondergesetzen beschlossen, um die Prozesse gegen die RAF-Spitze über die Bühne zu bekommen? Warum war in Stammheim eigens eine Gerichtsburg für sie aufbetoniert worden?

Und was bis heute gilt: Warum sind die Wunden so schlecht verheilt, dass die Diskussionen über die RAF schnell emotional und unerbittlich geführt werden? Die Debatte um die mögliche Begnadigung eines gewöhnlichen Kriminellen wäre niemals so kontrovers und ausdauernd geführt worden wie die um die Freilassung des ehemaligen RAF-Mannes Christian Klar.

Schon die Auswahl ihrer Opfer zeigt, dass die RAF-Terroristen sich nicht der »alltäglichen, eigennützigen Kriminalität« zurechnen lassen, wie auch der ehemalige Verfassungsrichter Winfried Hassemer feststellt. Die Kader der RAF haben keine untreuen Ehefrauen umgebracht, keine Juweliere oder Mitglieder rivalisierender Gangsterbanden. Die RAF-Kommandos töteten nicht im Affekt, son-

RAF-Mitglieder der dritten Generation Horst Meyer und Eva Haule.

dern aufgrund kühler taktischer Überlegungen. Sie griffen ihre Opfer nicht als Personen an, sondern weil sie in dem bekämpften Staat oder der Wirtschaft wichtige Funktionen ausfüllten.

Bundesjustizminister Klaus Kinkel stand in der Tradition seines liberalen Parteifreundes Gerhart Baum und begriff die RAF als politisches Phänomen. Er zog aus dem Scheitern der sturen repressiven Taktik gegen die Terrorgruppe und dem Ausbleiben von Fahndungserfolgen Konsequenzen. Der FDP-Politiker erklärte Anfang Januar 1992: »Der Staat muss dort, wo es angebracht ist, zur Versöhnung bereit sein.« Kinkel startete ein Aussteigerprogramm und sorgte für Haftentlassungen von RAF-Gefangenen. Gut drei Monate später entschieden sich die Illegalen, »die Eskalation zurückzunehmen«. Es werde vorerst keine »Angriffe auf führende Repräsentanten aus Wirtschaft und Staat« mehr geben.[12]

Um einen solchen handelte es sich bei der letzten Aktion der RAF auch nicht. Vier bis heute unbekannte Vermummte überwältigten und fesselten am 27. März 1993 im hessischen Weiterstadt die Wachen eines kurz vor der Eröffnung stehenden Gefängnisses. Anschließend jagten sie die Anlage mit 200 Kilogramm Sprengstoff in die Luft. Vor der gewaltigen Detonation hatten die Terroristen drei Zubringerstraßen abgesperrt und Warnschilder angebracht: »Knastsprengung in Kürze – Lebensgefahr. Sofort wegrennen.« Menschen wurden nicht verletzt, der Sachschaden betrug 123 Millionen Mark; die Eröffnung des Gefängnisses verzögerte sich um vier Jahre. Die RAF hatte zu diesem Zeitpunkt fast 23 lange Jahre gebombt und geschossen. Ihre Kader hatten 32 Menschen ermordet, 19 waren auf ihrer Seite gewaltsam zu Tode gekommen.

Die letzten Toten der RAF gibt es im Juni 1993. Zum ersten Mal seit den Anfängen der Gruppe, als der V-Mann Peter Urbach Brandsätze lieferte, ist es dem Verfassungsschutz wieder gelungen, einen Agenten an Illegale der RAF heranzubringen. Der Student Klaus Steinmetz aus Kaiserslautern hat das rheinland-pfälzische Landesamt für Verfassungsschutz seit 1984 mit Informationen aus der Autonomenszene beliefert. Im Februar 1992 lädt ihn ein Bekannter nach Paris ein, wo er mehrere Tage mit einer Frau verbringt, die er der RAF zuordnet. Sollte es Birgit Hogefeld sein, die acht Jahre zuvor in den Untergrund gegangen war? Steinmetz trifft die RAF-Frau im Abstand von mehreren Monaten wieder, einmal in Boppard am Rhein, einmal in Cochem an der Mosel. Sie will genau wissen, wie die RAF und ihre Aktionen in der linksradikalen Szene gesehen werden. Für das vierte Treffen, Ende Juni 1993 in Mecklenburg, haben die Verfassungsschützer zwei Monate Zeit, sich vorzubereiten. Sie informieren den Generalbundesanwalt, und der entscheidet, die mutmaßliche RAF-Frau solle verhaftet werden. Vier Mal trifft sich die »Koordinierungsgruppe Terrorismus« und bespricht den Großeinsatz, dem sie den Decknamen »Weinlese« gibt.

Steinmetz und die RAF-Frau verbringen drei Tage im mecklenburgischen Wismar. Die Verfassungsschützer hören über eine Wanze mit, dass die Frau auf dem Rückweg einen Freund treffen wird. Als das Trio in Bad Kleinen durch die Bahnhofsunterführung schlendert, stürmen sieben GSG-9-Männer schreiend auf sie zu. Einer hält der Frau seine Pistole an den Kopf und wirft sie auf den Boden; ein anderer überwältigt den V-Mann Steinmetz. Der Freund stürmt die Treppe hinauf. Auf dem Bahnsteig schießt er auf seine Verfolger und trifft den GSG-9-Beamten Michael Newrzella vier Mal. Dessen Kollegen geben 33 Schüsse auf den Flüchtenden ab, der auf das Gleis stürzt. Es ist Wolfgang Grams. Er stirbt wenige Stunden später im Krankenhaus. Kurz nach ihm erliegt auch der GSG-9-Mann seinen Schussverletzungen. Die festgenommene Frau ist, wie die Fahnder vermutet haben, Birgit Hogefeld.

Die Ermittler stellen fest, dass Hogefeld und Grams offenbar ein ganz anderes Verhältnis zu ihren Eltern haben als die Gründer der RAF, deren politischer Kampf auch ein Generationskonflikt war. Hogefeld und Grams schickten aus dem Untergrund Briefe und besprochene Tonbandkassetten an ihre Eltern. Marianne Hogefeld traf sogar ihre Tochter und Grams und schrieb anschließend: »Hallo Du, Ihr alle. Es war so schön und Ihr habt alles so lieb gemacht und ich glaube wir haben viel gelernt, auch das Umgehen mit so vielem.«[13]

Die RAF war nach der Neutralisierung ihres Führungspaares nur mehr sehr bedingt operationsfähig. Zudem gerieten die Illegalen, ohne dass sie es beabsichtigten, in einen schweren Konflikt mit der Mehrheit der RAF-Gefangenen. Öffentlich wurde die Spaltung im Oktober 1993, als Brigitte Mohnhaupt eine Erklärung abgab, die mit den Worten begann: »wir machen jetzt eine sache offen, die für uns der bruch ist im zusammenhang der gefangenen und in der politischen beziehung zur raf. der inhalt der beziehung ist zerstört, eine andere entscheidung als trennung ist nicht möglich.«

Mohnhaupt sprach für alle RAF-Gefangenen außer den in Celle einsitzenden Karl-Heinz Dellwo, Knut Folkerts und Lutz Taufer sowie Birgit Hogefeld. Die inoffizielle Führerin der zweiten Generation, die ihre Chefrolle auch im Gefängnis behalten hatte, exkommunizierte die vier wie bei einer Säuberung in einer kommunistischen Partei. Sie hätten die »abwicklung von raf und gefangenen in gang gesetzt«, warf sie ihnen vor. Sie hätten einen »deal« einfädeln wollen und dabei »die bewaffnete aktion heute als ware definiert«.[14]

Geschehen war Folgendes: Karl-Heinz-Dellwo, einer der Attentäter von Stockholm, hatte im SPIEGEL einen Artikel gelesen, wonach in der Wirtschaftselite die Angst vor der RAF grassiere. Er dachte sich, dass Manager, noch mehr als Politiker, eine Interesse am Ende des Krieges der RAF haben müssten. Vielleicht ließen sie sich für eine »politische Lösung« gewinnen: für die Zusammenlegung und schrittweise Entlassung der Gefangenen und im Gegenzug die endgültige Einstellung der Aktionen durch die Illegalen. Dellwo bat Christian Ströbele um einen Besuch, einst Anwalt von Baader und anderen RAF-Gründern, später Bundestagsabgeordneter der Grünen. Ströbele sah nach der Deeskalationserklärung die Chance, die trostlose Geschichte der RAF endlich zu einem Ende zu bringen. Es gelang ihm, Edzard Reuter, den Vorstandsvorsitzenden der Daimler-Benz AG, zu überzeugen, mit Politikern zu sprechen. Später gewann Ströbele eine zweiten einflussreichen Mann für das Projekt: Ignatz Bubis, den Vorsitzenden des Zentralrats der Juden in Deutschland.

Ströbele machte allerdings den Fehler, so sagte er später selbstkritisch, dass er Brigitte Mohnhaupt zu spät, nämlich erst nach mehreren Monaten, bei einem Besuch bei ihr im Gefängnis von diesen Gesprächen informierte. Mohnhaupt hörte ruhig zu, sagte nicht viel, um dann zum Schlag gegen die Verräter auszuholen. Sie und die große Mehrheit der RAF-Gefangenen argwöhnten, dass die drei Celler Genossen vor allem ihre baldige Entlassung erreichen wollten.

Neue Ideen und selbstkritisches Denken entstanden nicht hinter den Gefängnismauern, bei den lange isolierten RAF-Gefangenen, die immer wieder gegen Selbstmordgedanken ankämpften. Mohnhaupt und die Mehrheitsfraktion kamen über das bekannte »Der Kampf geht weiter« nicht hinaus. Peter-Alexis Albrecht, Professor für Kriminologie und Strafrecht, urteilt: »Die ganz überwiegende Haftzeit der RAF-Inhaftierten war von beispielloser Härte und Deprivation gekennzeichnet.«

Die meisten Gefangenen hielten auch an der Lüge fest, Meinhof, Ensslin, Baader und Raspe seien in Stammheim von imperialistischen Agenten ermordet worden; sie forderten die Zusammenlegung aller RAF-Gefangenen oder ihre Freilassung, obwohl beides illusorisch war. Sie warteten darauf, dass neue Generationen von Illegalen sie vielleicht aus dem Gefängnis holen würden.

Bei den Illegalen des Jahres 1993 kamen Mohnhaupt und die Mehrheit der Gefangenen nicht gut an. Die Kader im Untergrund warfen den gefangenen Genossen, die sich als »gralshüter der option des bewaffneten kampfes« gebärdeten, eine »miese taktik« vor. »wenn ihr offen und ehrlich reden würdet, hättet ihr solche schweinereien nicht nötig.«

Die Agonie währte noch fünf Jahre, dann bereitete die RAF ihrem »Projekt« ein förmliches Ende. Im April 1998 ging im Kölner Büro der Nachrichtenagentur Reuters ein in Chemnitz, vormals Karl-Marx-Stadt, abgesandtes achtseitiges Schreiben ein. »Die Stadtguerilla in Form der RAF ist nun Geschichte«, heiß es darin – entgegen langer Praxis wieder mit Großschreibung. Die Selbstkritik fiel milde aus. »Das Ende dieses Projektes zeigt«, hieß es lapidar, »dass wir auf diesem Weg nicht durchgekommen sind.« Anders ausgedrückt: Der bewaffnete Kampf war nur deshalb falsch, weil er keinen Erfolg hatte.

Nach einer Aufzählung aller seit der Gründung der RAF im Jahr 1970 zu Tode gekommenen Kämpferinnen und Kämpfer adaptierten die RAF-Auflöser, ohne sie namentlich zu nennen, ein Zitat der Kommunistin Rosa Luxemburg. Die hatte im Januar 1919 in der »Roten Fahne« geschrieben, zwei Tage bevor rechte Freikorps-Soldaten sie erschlugen: »Die Revolution wird sich morgen schon ›rasselnd wieder in die Höh' richten‹ und zu eurem Schrecken mit Posaunenklang verkünden: ich war, ich bin, ich werde sein!«

Die RAF reduzierte Luxemburgs Prophezeiung auf:
»Die Revolution sagt:
ich war
ich bin
ich werde sein«

Der Tag, an dem die Auflösungserklärung in Köln eintraf und veröffentlicht wurde, war der 20. April, der für ältere Deutsche unauslöschlich als »Führers Geburtstag« mit Adolf Hitler verbunden ist. Horst Herold, der ehemalige Chef des Bundeskriminalamtes, stellte deshalb auch ungläubig fest: »An einem solchen Tag löst sich eine RAF, wie ich sie kenne, nicht auf.«[15]

Die RAF war auch nicht mehr die RAF, die Herold, der 1981 zurückgetreten war, gekannt und bekämpft hatte. Wer sich in den letzten Jahren hinter dem Logo mit dem Stern und der Maschinenpistole versteckte, weiß bis heute niemand. »sie wissen nicht viel über uns«, hatte die Terrorgruppe sich noch 1996 gebrüstet. »sie haben noch nie wirklich durchgeblickt, wie unsere strukturen aussehen oder wer in der raf organisiert ist.«[16]

Von den 22 bekannten Taten der dritten Generation sind nur zwei eindeutig aufgeklärt: der Mord und der Mordversuch von Wolfgang Grams in Bad Kleinen. Alle anderen Aktionen, bei denen zusammen zehn Menschen ermordet und 29 verletzt wurden, bleiben rätselhaft. Zuletzt fanden die Fahnder im September 1985 eine konspirative Wohnung in Tübingen. Wo die Terroristen der dritten Generation seitdem über all die Jahre gelebt haben, wissen nur sie. Patrick von Braunmühl, der Sohn des von der RAF ermordeten Diplomaten, sagt: »Dass der enorme Verfolgungsapparat bislang über die dritte Generation fast nichts herausgefunden hat, ist ein Armutszeugnis.« Das ist noch sehr freundlich ausgedrückt.

Experten des BKA haben immer wieder alte Asservate mit neuen Methoden untersucht. So konnten sie beispielsweise Haare, die auf einem Teppichstück in Weiterstadt gefunden wurden, Ernst-Volker Staub, Daniela Klette und Burkhard Garweg zuordnen. Staub zählte zu der Gruppe, die im Juli

Alte Fahndungsfotos der verschwundenen RAF-Mitglieder Volker Staub, Daniela Klette, Burkhard Garweg.

1984 nach dem Malheur mit der Pistole in Frankfurt verhaftet wurde. Das Bayerische Oberste Landesgericht verurteilte ihn im Februar 1986 wegen Mitgliedschaft in der RAF zu vier Jahren. Doch Staub tauchte bald nach seiner Entlassung wieder ab. Seine Gefährtin, so vermuteten die BKA-Fahnder, war dann Daniela Klette, die seit 1978 zur Roten Hilfe in Wiesbaden gehörte und so mit Hogefeld und Grams zuammentraf. Auf den Papieren, die Ermittler in Bad Kleinen sicherstellten, fanden sich Fingerabdrücke von Staub und von Klette.

Zum letzten Mal hinterließ das mysteriöse Paar Spuren in Duisburg, am 30. Juli 1999, mehr als ein Jahr nach der Auflösung der RAF. Vor einem Einkaufszentrum im Stadtteil Rheinhausen brachten drei Vermummte in zwei Fahrzeugen einen Geldtransporter zum Stehen. Dann zwang das mit einer Panzerfaust, einer Maschinenpistole und einem Sturmgewehr bewaffnete Trio die beiden Geldboten, die Türen ihres gepanzerten Fahrzeugs zu öffnen. Die Räuber entkamen mit über einer Million Mark. An den am Tatort zurückgelassenen Helmen und Sturmhauben fanden BKA-Experten DNA-Spuren von Staub und Klette. Es sieht so aus, als hätten die beiden ihr Handwerkszeug und ihre Expertise noch einmal eingesetzt, um sich ihre Rente zu organisieren.

Zusätzlich zu dem Phantompaar ist der einstige RAF-Mann Burkhard Garweg spurlos verschwunden. Er radikalisierte sich in den 1980er Jahren in Hamburg, in den besetzten Häusern an der Hafenstraße. Garweg ist ein Beispiel dafür, dass die RAF ein generationsübergreifendes politisches Abenteuer war. Als Andreas Baader und Gudrun Ensslin im April 1968 in Frankfurt in den beiden Kaufhäusern Feuer legten, um ein Fanal für die Revolution zu setzen, war der letzte gesuchte RAF-Mann noch gar nicht geboren.

## Kapitel 10
## Die Mühen der Aufarbeitung

Die Debatte über die RAF dominierten stets Politiker. Sie verdammten die Anschläge der Terroristen; sie geißelten ihre Sympathisanten; sie machten Vorschläge, wie man der Gruppe Herr werden könnte. Politiker benutzten den Terrorismus, um ihren politischen Gegnern wahlweise liberale Laschheit vorzuwerfen oder sie der Missachtung rechtsstaatlicher Grundsätze zu bezichtigen. Gelegentlich meldeten sich Intellektuelle zu Wort, Heinrich Böll, Martin Walser oder Hans Magnus Enzensberger. Sie kritisierten die Terroristen, aber auch die Reaktionen der Politiker auf sie und wurden deshalb von beiden Seiten angegriffen.

Die Kader der RAF sprachen durch ihre Taten und in ihren Kommandoerklärungen. Sie begriffen ihre Anschläge als »Propaganda der Tat«, die für sich selbst sprechen sollte. Nicht zu hören hingegen waren die Angehörigen der RAF-Opfer. Die Witwen und Waisen waren schnell vergessen. Ignes Ponto zog mit ihren beiden Kindern in die USA, weil sie sich in Deutschland nicht mehr sicher fühlte. Nur die Brüder des ermordeten Diplomaten Gerold von Braunmühl wandten sich öffentlich an die RAF und wurden dafür von konservativer Seite hart kritisiert.

Doch im Januar 2007 griff ein Mann unverhofft in die Debatte über die Terrorgruppe ein: Michael Buback verlieh den Angehörigen der RAF-Opfer eine Stimme, die kaum wirkungsvoller hätte sein können. Beruflich hatte er sich als Professor für Chemie nie mit dem Phänomen des Terrorismus beschäftigt. Als er in die Debatte eingriff, besaß er auch noch keine genaue Kenntnisse über die Gruppe und ihre Geschichte. Doch der einzige Sohn des Generalbundesanwalts Siegfried Buback ging bald mit der Hartnäckigkeit eines Naturwissenschaftlers und dem Selbstbewusstsein eines deutschen Professors zu Werke.

Zunächst verfasste Michael Buback, auf die Bitte eines Redakteurs der »Süddeutschen Zeitung« hin, einen Beitrag zur Frage, ob Bundespräsident Horst Köhler den einstigen RAF-Mann Christian Klar nach 24 Jahren Gefängnis begnadigen solle oder nicht. »Es ist gut und richtig«, schrieb Buback, »dass Angehörige der Opfer an Entscheidungen über die Begnadigung von Mördern nicht beteiligt sind.«[1] Und der Chemieprofessor sagte auch: »Die individuelle Begnadigung setzt für mich voraus, dass auch der individuelle Tatbeitrag bekannt ist.«[2]

Nach der Veröffentlichung seines Artikels erfuhr Buback in den Medien eine Aufmerksamkeit, die er kaum bekommen hätte, wenn ihm der Nobelpreis in Chemie verliehen worden wäre. Ihm gefiel es, dass sich die Organisatoren der Talkshows um ihn rissen, er gab ein Interview nach dem anderen. Eines von ihnen, mit dem Radiosender SWR2, hörte zufällig der in Freiburg lebende Peter-Jürgen Boock. Erneut erklärte Buback, dass er wissen wolle, wer seinen Vater erschossen habe. Boock hatte schon ein paar Jahre zuvor Angehörigen von RAF-Opfern angeboten, ihre Fragen zu beantworten. Doch es hatte sich niemand bei ihm gemeldet. Jetzt beschloss er, Michael Buback anzurufen.

In einem über zweistündigen Telefongespräch eröffnete der RAF-Täter schließlich dem Sohn des RAF-Opfers, dass seines Wissens nach Christian Klar nicht auf dem Motorrad gesessen habe, von dem aus Siegfried Buback erschossen worden war. Knut Folkerts, der dafür zu lebenslanger

Michael Buback in einer Fernsehsendung vor Fotos von Christian Klar und Brigitte Mohnhaupt, April 2007.

Haft verurteilt worden war, auch nicht. Vielmehr habe Günter Sonnenberg die Maschine gelenkt und Stefan Wisniewski geschossen.

Nach dem Telefonat war Buback wie elektrisiert. Am nächsten Tag studierte er zusammen mit seiner Frau Zeitungsausschnitte aus den Wochen nach dem Mord an seinem Vater im April 1977. Der Name Wisniewski, den Boock ins Spiel gebracht hatte, tauchte damals in der Presse nicht auf. In den folgenden Wochen und Monaten las Buback die Anklagen und Urteile, die für den Mord an seinem Vater ergangen waren. Im August 1979, lernte er dabei, gut zwei Jahre nach der Tat, hatte die Bundesanwaltschaft eine Anklageschrift gegen Knut Folkerts vorgelegt, in der es hieß: »Der Angeschuldigte eröffnete unvermittelt und ohne abzusteigen aus einer Entfernung von ca. 70 cm schräg von oben nach unten das Feuer.« Da Folkerts Linkshänder ist – was dem Bundeskriminalamt bekannt war – hätte er rittlings auf dem Motorrad sitzen müssen, um in dieser Richtung zu schießen.

Dieser Widerspruch kam allerdings in dem Prozess gegen Folkerts in Stuttgart-Stammheim nicht zur Sprache. Der RAF-Mann hatte keinen Verteidiger seines Vertrauens und gab lediglich eine politische Erklärung ab. Zur Sache schwieg er, und Ende Juli 1980 verurteilte das Oberlandesgericht Stuttgart ihn zu einer lebenslangen Freiheitsstrafe. Die Richter waren zwar nicht davon überzeugt, dass er die tödlichen Schüsse abgegeben habe, aber sahen es als erwiesen an, dass er zu den drei Tatbeteiligten gezählt und entweder das Motorrad oder den Fluchtwagen gesteuert oder auf dem Soziussitz gesessen habe.

Dass Folkerts möglicherweise zu Unrecht wegen des Mordes an Siegfried Buback verurteilt worden war, erfuhr Generalbundesanwalt Kurt Rebmann knapp zwei Jahre später, im März 1982. Da bekam er einen 82 Seiten starken Auswertungsbericht auf den Tisch, in dem Beamte des Bundesamtes für Verfassungsschutz ihre Gespräche mit der inhaftierten RAF-Frau Verena Becker zusammengefasst hatten. Zu dem Attentat auf Buback hatte Becker erklärt, dass Günter Sonnenberg das Motorrad gesteuert, Stefan Wisniewski geschossen und Christian Klar den Fluchtwagen gefahren habe.

Doch nun geschah etwas Erstaunliches: Statt alles daranzusetzen, den Mord an seinem Vorgänger aufzuklären und den Wahrheitsgehalt von Beckers Aussagen zu überprüfen, ordnete Rebmann an oder ließ es zumindest zu, dass die brisanten Dokumente bei der Bundesanwaltschaft verschwanden. Neben Rebmann hatten noch zwei weitere ranghohe Bundesanwälte den Auswertungsbericht und den 227 Seiten starken »Operativvermerk« mit den Aussagen Beckers erhalten, nicht aber die Mitarbeiter, die die Anklage gegen Brigitte Mohnhaupt und Christian Klar vorbereiteten. Diese klagten jedenfalls das Duo unter anderem wegen des Mordes an Buback und seinen Begleitern an.

Im April 1985 verurteilte das Oberlandesgericht Stuttgart Mohnhaupt, weil sie »an den Planungen und Vorbereitungen dieses Anschlags« einen »wesentlichen Anteil« hatte. In Wahrheit war die blutige Mordaktion bereits geplant, als Mohnhaupt noch im Gefängnis saß. Und Mohnhaupt war zum Zeitpunkt des Karlsruher Attentats von einem Treffen mit verbündeten Palästinensern in Bagdad gerade wieder in Amsterdam eingetroffen. Christian Klar verurteilte das Gericht, weil »er entweder Lenker oder Soziusfahrer des Motorrads war oder mit dem Alfa Romeo wartete«.[3]

Michael Buback begann, alte Akten zu studieren, die ihm die Bundesanwaltschaft widerwillig und teilweise geschwärzt überließ. Je mehr er sich in den Fall vertiefte, umso mehr begann er sich zu wundern. Der Göttinger Chemieprofessor verwandelte sich in einen Ermittler. Die Suche nach der Wahrheit über den Tod seines Vaters wurde ihm zur Therapie seines Traumas. Auch wenn er gelegentlich in Spekulationen abglitt, nahm er eine Position ein, die moralisch schwer angreifbar war. Er wollte schlicht wissen, wer seinen Vater erschossen hat. Wer konnte ihm dies verdenken.

Buback fragte sich, warum Polizisten kurz nach der Tat noch von einer Frau auf dem Soziussitz gesprochen hatten, aber am nächsten Abend Fahndungsfotos der angeblichen Täter Folkerts, Klar und Sonnenberg in den Fernsehnachrichten gezeigt worden waren. Buback fand Zeugen, die eine zierliche Person hinten auf dem Motorrad gesehen haben wollten. Er fragte sich: Warum waren diese Aussagen, die auf die nur 164 cm große Verena Becker hindeuteten, von den Ermittlern nicht ernst genommen worden?

Bestärkt sah sich Buback, als der SPIEGEL im April 2007 Beckers Kooperation mit dem Verfassungsschutz und das Wissen des Generalbundesanwalts davon enthüllte. Boock bestätigte nun auch öffentlich, was er Buback erzählt hatte: Wisniewski sei der Schütze in Karlsruhe gewesen. Die Bundesanwaltschaft eröffnete daraufhin ein Ermittlungsverfahren wegen des Mordes an Buback und seinen Begleitern gegen Wisniewski. Der Sohn eines polnischen Zwangsarbeiters hatte 1981 für die Entführung und Ermordung Schleyers eine lebenslange Freiheitsstrafe bekommen und 21 Jahre abgesessen.

Silke Maier-Witt bekräftigte ihre alte Aussage, nach der Knut Folkerts und Rolf Heißler sie am Tag des Buback-Attentats an der deutsch-niederländischen Grenze abgeholt und nach Amsterdam gebracht hätten. Folkerts bestätigte dies und erklärte, er sei am Morgen der Karlsruher Tat in Köln gewesen und habe dort eine Bank für eine »Geldbeschaffungsaktion« ausgespäht.

Knut Folkerts ist nicht der einzige ehemalige RAF-Kader, der mittlerweile sagt, er sei für Taten verurteilt wurde, die er nicht begangen habe. Auch Manfred Grashof, einer der RAF-Gründer und heute Bühnentechniker und Schauspieler beim Berliner Grips-Theater, spricht von einem Fehlurteil, das gegen ihn verhängt worden sei. Anfang Juni 1977 hatte ihn das Landgericht Kaiserslautern nach einem 21 Monate langen Prozess zu lebenslanger Haft verurteilt; unter anderem wegen Beihilfe zu einem Bankraub in Kaiserlautern, bei dem ein Polizist erschossen worden war. Grashof, so stellte das Gericht gestützt auf eine Zeugin fest, habe in einer Kaiserslauterner Buchhandlung einen Stadtplan zur Vorbereitung des Bankraubs gekauft.

»Das Dumme ist nur«, sagt er, »dass ich bis zu meinem Prozess niemals in Kaiserslautern war.« Der Stadtplan lag dem Gericht auch nicht vor. An dem Tag, an dem die Bank in Kaiserslautern ausgeraubt wurde, am 22. Dezember 1971, erklärt Grashof glaubhaft, sei er »in Hamburg für die RAF unterwegs« gewesen.[4] Er weiß jedoch, dass er auch ohne seine Verurteilung wegen des Bankraubs die Höchststrafe bekommen hätte. Bevor er im März 1972 in Hamburg verhaftet wurde, lieferte er sich eine Schießerei mit Polizisten, an deren Folgen ein Beamter starb und bei der er selbst lebensgefährlich verletzt wurde. Für diesen Polizistenmord allein wäre er ebenfalls zu lebenslang verurteilt worden.

Der Fall Grashof ist typisch für die juristische Aufarbeitung der RAF-Geschichte. Einerseits ließen sich die Richter von einem starken Willen zur Verurteilung leiten und machten viele, teils eklatante Fehler, andererseits erwischten sie nicht die Falschen. Und die RAF-Mitglieder trugen ihren Teil zu den Fehlurteilen bei. Schon gegenüber der Polizei und den Bundesanwälten machten sie keinerlei Aussagen zur Sache. Auch im Gerichtssaal schwiegen sie über die Details ihrer Aktionen und gaben nur politische Erklärungen ab. »Wir gingen auch davon aus«, sagt Grashof, »dass wir so oder so verurteilt werden würden.«

Keinerlei Aussagen zur Sache machte auch Monika Berberich, die wie Grashof zu den Gründern der RAF zählte. Die Referendarin des Anwalts Horst Mahler wurde im Juni 1974 in West-Berlin wegen Bankraubes und Mitgliedschaft in einer kriminellen Vereinigung zu zwölf Jahren Freiheitsstrafe verurteilt. Ehemalige RAF-Mitglieder erklären hingegen, dass Berberich an dem ihr vorgeworfenen Banküberfall nicht beteiligt war.

Astrid Proll – wie Berberich und Grashof eine Vertreterin der ersten RAF-Generation – warf die Bundesanwaltschaft versuchten Mord vor. Sie hatte im Februar 1971 in Frankfurt zu Fuß die Flucht ergriffen, nachdem ihr ein Berliner Verfassungsschützer aufgelauert hatte. Der Agent sagte aus, sie habe auf ihn geschossen, was sie bestritt. Es dauerte neun Jahre, bis die Staatsanwaltschaft den Vorwurf des Mordversuchs fallen ließ.

Bei der zweiten RAF-Generation baute die Bundesanwaltschaft zunächst Roland Mayer als »Rädelsführer«

auf. Das Oberlandesgericht Stuttgart verurteilte ihn deshalb im Juni 1979 für einen Bankraub, der zwei Wochen nach seiner Verhaftung von anderen Mitgliedern der Gruppe in Wien begangen worden war.[5]

Sieglinde Hofmann verurteilte das Oberlandesgericht Frankfurt im Juni 1982 zu 15 Jahren Freiheitsstrafe für den Mord an Jürgen Ponto. Die ehemalige Medizinstudentin aus Heidelberg bekam nur deshalb nicht lebenslang, weil die französische Regierung die Auslieferung nach ihrer Verhaftung in Paris daran geknüpft hatte, dass sie nicht wegen Mordes angeklagt werden dürfte. Den Frankfurter Richtern reichten dann die Angaben des RAF-Kuriers Hans-Joachim Dellwo, der sich durch seine Aussagen Strafmilderung verschaffte und anschließend unter falschem Namen in Kanada lebte. Der ältere Bruder des RAF-Kaders Karl-Heinz-Dellwo konnte nur bezeugen, dass er Hofmann in der konspirativen Wohnung in Frankfurt gesehen habe, von der aus später das Kommando, das den Bankier entführen sollte, zu dessen Villa aufgebrochen war.

Die Bundesanwälte fanden erst nach der Verhaftung der Aussteiger in der DDR heraus, dass Hofmann nicht zu dem Kommando gehörte, das Ponto entführen sollte, dafür aber zu dem, das Schleyer entführte und seine vier Begleiter erschoss. Sie bekam dann dafür eine lebenslange Freiheitsstrafe.

Um sich den schwierigen Nachweis einer unmittelbaren Tatbeteiligung der einzelnen Personen zu ersparen und den Mangel an Zeugenaussagen und Sachbeweisen zu kompensieren, griffen die Bundesanwälte und Richter gerne zur Konstruktion der »Mittäterschaft«. Den Anschlag auf Buback, heißt es in dem Urteil gegen Mohnhaupt und Klar, hätten Mitglieder der RAF »aufgrund eines gemeinsam erarbeiteten Tatplanes in bewusstem und gewolltem Zusammenwirken vorbereitet und durchgeführt«. Die

Richter folgerten daraus: »Die Angeklagten müssen sich jeweils das Handeln ihrer Tatgenossen, das sich in allen Phasen dieser ›Aktion‹ im Rahmen des gemeinsam gefassten und gebilligten Tatplans hielt, als *eigenes* zurechnen lassen.«[6]

Diese Argumentation unterstützten – absurderweise – die meisten RAF-Gefangenen. Brigitte Mohnhaupt sagte im Sommer 1976 im Verfahren gegen »Andreas Baader und andere« in Stammheim aus: »Die Aktion ist ja ein kollektiver Beschluss. Sie ist vorher durchgesprochen, bestimmt von allen, begriffen von allen.«[7]

Die RAF hatte zum Rechtsstaat stets ein schizophrenes Verhältnis: Einerseits bezeichnete Brigitte Mohnhaupt das Verhältnis zur Justiz als »Krieg«. Andererseits empörten sich die RAF-Gefangenen, ihre Anwälte, Unterstützer und Verwandten beständig darüber, dass die Haftbedingungen zum Teil nicht den rechtsstaatlichen Regularien entsprachen. Reinhard Pitsch, ein österreichischer Unterstützer der Bewegung 2. Juni, sagte einmal über die »militante Wehleidigkeit« von RAF-Mitgliedern: »Einerseits ruft man den bewaffneten Kampf aus, und dann regt man sich auf, wenn man von Justizbeamten angerempelt wird.«[8]

Ehemalige RAF-Mitglieder, die ihrer Meinung nach für Taten verurteilt wurden, an denen sie nicht beteiligt gewesen waren, könnten eine Wiederaufnahme ihrer Verfahren beantragen. Bislang hat dies noch niemand getan. Keiner von ihnen möchte sich noch einmal auf eine Anklagebank setzen. »Die Justiz ist denkbar ungeeignet, etwas Positives zur Aufarbeitung der Geschichte der RAF beizutragen«, sagt Knut Folkerts.

Die Anwälte der RAF-Mitglieder protestierten immer wieder gegen diese Konstruktion einer »Kollektivschuld« und die auf ihr basierenden Urteile, aber eine nennenswerte Resonanz in der Öffentlichkeit blieb aus. Nach dem Showdown im Herbst 1977 begann das Interesse der Medien an der RAF zu schwinden. Mit der Verhaftung von Mohnhaupt und Klar und dem Ausbleiben von Anschlägen für zwei Jahre fehlte Stoff für Schlagzeilen. Spätestens seit dem Fall der Mauer hatte Deutschland wesentlich wichtigere Probleme als die RAF. Die Rolle des Feindes im Inneren hatten die Konservativen nun an die Kommunisten in der einstigen DDR weitergegeben. Die RAF wurde zu einem Relikt des Kalten Krieges aus der alten Bundesrepublik.

Als Bundespräsident Richard von Weizsäcker im März 1989 zunächst die frühere RAF-Frau Angelika Speitel und dann Verena Becker begnadigte, vermerkten dies nur wenige Zeitungen in Kurzmeldungen. Roman Herzog erließ als Bundespräsident den beiden den nicht verbüßten Teil ihrer Strafen und begnadigte im April 1998 den RAF-Theoretiker Helmut Pohl. Bundespräsident Johannes Rau schließlich setzte die weitere Vollstreckung der lebenslangen Freiheitsstrafen gegen Adelheid Schulz und Rolf Klemens Wagner aus.[9]

Für die Begnadigung von Verena Becker hatte sich Generalbundesanwalt Kurt Rebmann beim Bundespräsidenten eingesetzt. Die einstige »schwarze Braut« musste von ihrer lebenslangen Freiheitsstrafe nur neun Jahre absitzen. Im Vergleich zu den 26 Jahren, die Christian Klar hinter Gittern verbrachte, lohnte sich für Becker die Kooperation mit dem Verfassungsschutz. Darüber hinaus bekam Becker, deren Gespräche mit Verfassungsschützern sich über zwei Jahre hinzogen, ein Honorar von an die 5000 Mark.

Als Michael Buback im Frühjahr 2007 von den vertraulichen Gesprächen zwischen Becker und den Verfassungsschützern in einer konspirativen Wohnung in Köln erfuhr, beschlich ihn ein Verdacht: Wenn die RAF-Frau offenbar nach ihrer Verhaftung im Mai 1977 von der Bundesanwaltschaft systematisch geschont wurde, hatte sie dann vielleicht schon früher die Seiten gewechselt? Wurde Becker

Generalbundesanwalt Kurt Rebmann in seinem Dienstzimmer in Karlsruhe um 1978.

von der Bundesanwaltschaft geschützt und nicht für den Mord an seinem Vater angeklagt, weil sie schon bei der Einstellung des Verfahrens im Jahr 1980 mit dem Verfassungsschutz kooperierte?

Michael Buback breitete seine Zweifel und die Ergebnisse seiner Ermittlungen in einem Buch aus. »Der zweite Tod meines Vaters« nannte er es. Damit wurde der Chemieprofessor endgültig zum Alptraum für Generalbundesanwältin Monika Harms und ihre Kollegen. Die Karlsruher Juristen, die sich als Crème de la Crème der deutschen Strafverfolger sehen, als Vertreter der »objektivsten Behörde der Welt«, lassen gewöhnlich jede Kritik an sich abperlen. Doch das konnten sie Buback nicht antun, dessen Vater die Leitung der Behörde mit seinem Leben bezahlt hatte. Sollte man jedenfalls meinen.

Bei einer Gedenkfeier für die RAF-Opfer traf Michael Buback die Generalbundesanwältin Harms und beklagte sich darüber, dass seine Briefe an sie und ihre Kollegen unbeantwortet geblieben seien. »Mit Ihnen wird doch gesprochen«, antwortete Harms, »Sie sind doch vernommen worden.«

Michael Buback hat sich große Verdienste um die Aufklärung des Mordes an seinem Vater erworben. Ohne die Hartnäckigkeit, mit der er seine Fragen öffentlich und in Briefen an die Bundesanwaltschaft stellte, hätten die Karlsruher Strafverfolger ihre Ermittlungen wohl bald wieder eingestellt.

Während Buback nicht lockerließ, nahmen Beamte des Bundeskriminalamtes DNA-Analysen an alten Asservaten vor. Sie prüften zum Beispiel die Kuverts, in denen RAF-Mitglieder im April 1977 die Bekennerschreiben zum Attentat auf Buback von Duisburg und Düsseldorf aus verschickt hatten. Drei der Umschläge, so stellte sich nun heraus, hatte Verena Becker angeleckt. Daraufhin besorgte sich Bundesanwalt Walter Hemberger einen Beschluss für die Überwachung von Beckers Telefonen. Es zeigte sich bald, wie weit die Heilpraktikerin sich von der RAF und ihren Kommunikationsformen entfernt hat. Entgegen allen Regeln der Konspiration erzählte sie Brigitte Mohnhaupt, mit der sie öfter telefonierte, dass sie ihre Gedanken zum Attentat auf Buback zu Papier bringen wolle.

Bundesanwalt Hemberger gab Becker noch ein wenig Zeit zum Schreiben, dann beantragte er im August 2009 einen Durchsuchungsbeschluss und stattete ihr einen unangemeldeten Besuch in ihrem Gartenhaus in Berlin-Schlachtensee ab. Dabei fanden die Ermittler auf dem Nachttisch einen interessanten Zettel. Unter dem Datum des 7. Februar 2009, bald 32 Jahre nach den Karlsruher Morden, hatte Becker notiert: »Nein, ich weiß nicht, wie ich für

Herrn Buback beten soll. Ich habe kein wirkliches Gefühl für Schuld und Reue. Natürlich würde ich es heute nicht mehr machen – aber ist das nicht armselig so zu denken und zu fühlen?«

Die Spuren auf den Briefkuverts und das Eingeständnis, sie würde »es heute nicht mehr machen« – was immer Becker mit »es« meinte –, genügten der Bundesanwaltschaft, um einen Haftbefehl gegen sie zu beantragen. Sie sei dringend der Mittäterschaft an den Karlsruher Morden verdächtig; zudem bestehe Fluchtgefahr. Nachdem der Untersuchungsrichter des Bundesgerichtshofes einen Haftbefehl erlassen hatte, saß die einstige Informantin des Verfassungsschutzes 117 Tage in Untersuchungshaft. Aussagen machte sie diesmal keine. Die Bundesanwaltschaft will sie auf jeden Fall anklagen.

Andere ehemalige RAF-Mitglieder wunderten sich über manche Ergebnisse der Ermittlungen gegen Becker. Warum telefonierte Brigitte Mohnhaupt mehrfach mit ihr? Versuchte die einstige Führungsfigur der zweiten Generation und später der RAF-Gefangenen noch immer, die Truppe zusammenzuhalten?

Immerhin gibt es noch eine Sache, die Mohnhaupt und die meisten anderen ehemaligen RAF-Mitglieder verbindet: die alte Propagandalüge über die Todesnacht von Stammheim. Sie halten daran fest, dass unbekannte Agenten eines imperialistischen Geheimdienstes Baader, Ensslin und Raspe ermordet hätten. Sie tun es vor allem, um Irmgard Möller nicht in den Rücken zu fallen. Diese hat wiederholt erklärt, sie sei im siebten Stock in Stammheim im Schlaf von Unbekannten angegriffen und mit einem Messer verletzt worden. »Ich gehe davon aus«, sagte sie, »dass das auch innerhalb der Nato irgendwie abgesprochen war.«[10]

Dagegen sagte Susanne Albrecht 1990 nach ihrer Verhaftung in der DDR aus, sie habe Gesprächen mit Brigitte Mohnhaupt entnommen, »dass die Stammheimer Gefangenen vorhatten, Selbstmord zu begehen, wenn die Freipressungsaktion nicht klappt. Es sollte dann so aussehen, als habe der Staat die Gefangenen in Stammheim ermordet.«[11] Nachdem die damals inhaftierte Mohnhaupt erfuhr, dass der SPIEGEL über Albrechts Aussagen berichtet hatte, brach sie mit einer Besucherin zusammen in Tränen aus.

Seit ihrer Entlassung Ende März 2007 hat sich Brigitte Mohnhaupt nicht öffentlich geäußert und auch gegenüber der Bundesanwaltschaft geschwiegen. Da sie – wie auch Folkerts und Klar – die Aussage im Rahmen der Ermittlungen gegen Stefan Wisniewski verweigerte, beantragte die Bundesanwaltschaft Beugehaft von einem halben Jahr. Sie schwiegen dennoch; und der Bundesgerichtshof lehnte die Beugehaft schließlich ab.

Nicht nur diese drei haben einen handfesten Grund zu schweigen. Der Bundestag hat die Verjährung von Mord in der Bundesrepublik 1979 abgeschafft, damit ehemalige Nazis weiterhin wegen dieses Straftatbestandes angeklagt werden können. Ehemalige RAF-Mitglieder könnten deshalb für jede Mordtat der Gruppe, wegen der sie noch nicht vor Gericht standen, angeklagt und erneut zu lebenslang verurteilt werden. Somit greift ein grotesker Mechanismus: Die Justiz verhindert durch ihre Bemühungen um Aufklärung die Aufklärung.

Doch die Suche nach der Wahrheit über die RAF sabotieren nicht nur ihre einstigen Akteure, sondern auch einflussreiche Politiker. Kanzlerin Angela Merkel forderte im April 2007 »restlose Aufklärung« des Buback-Mordes. Doch bald darauf weigerte sich Wolfgang Schäuble, damals Bundesinnenminister, die gesperrten Aussagen von Verena Becker beim Verfassungsschutz freizugeben. Dies sei »zum Wohle der Bundesrepublik« nötig. Es ist kaum zu glauben, aber der Schutz einer Verfassungsschutzquelle war Schäuble wichtiger als die Aufklärung des Mordes an dem höchsten Strafverfolger der Republik.

Dabei ist das Schicksal dieser Aussagen von Verena Becker ein Skandal für sich. Bei der Bundesanwaltschaft in Karlsruhe waren die vom Verfassungsschutz überlassenen Kopien der Akten angeblich spurlos verschwunden; wahrscheinlich hat sie Generalbundesanwalt Kurt Rebmann vernichten lassen. Im Rahmen der neuen Ermittlungen gegen Wisniewski und Becker konnte ein Bundsanwalt sie zwar beim Verfassungsschutz in Köln lesen. Vor Gericht können sie aber höchstens teilweise verwendet werden.

Die Aussagen von Verena Becker sind nicht die einzigen RAF-Akten, die noch gesperrt sind. Auch ein Teil der Vernehmungsprotokolle des RAF-Mannes der ersten Generation Gerhard Müller ist nach über dreißig Jahren noch geheim; wahrscheinlich der Teil, in dem er den ersten Polizistenmord der RAF gesteht, für den er nie angeklagt wurde.

Gesperrte Dokumente, verschwundene Akten, schweigende Zeugen: Die Bilanz der Aufarbeitung der RAF-Geschichte vierzig Jahre nach den ersten Schüssen in Berlin fällt dürftig aus. Die von den Gerichten festgestellte »forensische Wahrheit« basiert vielfach auf zweifelhaften Zeu-

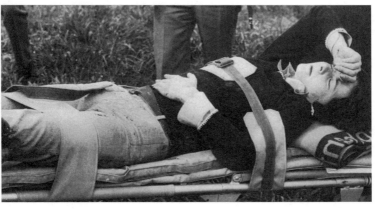

Verena Becker mit Schussverletzung bei ihrer Verhaftung in Singen, Mai 1977.

genaussagen und spärlichen Indizien. Die Bundesanwälte wollten anklagen, und die Richter wollten zu Urteilen kommen. Sie wollten die Terroristen aus dem Verkehr ziehen und dabei waren ihnen oft pragmatische Erwägungen und die »Prozessökonomie« wichtiger als die Wahrheitsfindung. Generalbundesanwältin Monika Harms gab sich gleichwohl damit zufrieden. »Die historische Wahrheit«, sagte sie, »interessiert Historiker.«

Nun, sie interessiert auch die überlebenden RAF-Opfer sowie die Angehörigen und Freunde der RAF-Opfer. Doch können sie sich Hoffnungen machen, dass ihre Fragen jemals beantwortet werden? Wohl die einzige Chance, ehemalige Mitglieder der RAF zum Sprechen zu bekommen, wäre ein Deal: Wahrheit gegen Freiheit. Aussagen gegen Amnestie. Die ehemaligen Terroristen, aber auch Polizisten und Politiker, bekämen Straffreiheit zugesichert und würden dafür ihr Wissen preisgeben. Historiker würden mit den Berichten die vielen Lücken in der Geschichte der RAF füllen können. Ein »Forum der Aufklärung« hat Carolin Emcke, Patenkind von Alfred Herrhausen, eine solche Kommission genannt. Die schweigenden Täter würden eingeladen, »aus dem Schatten ihrer Taten zu treten und sie preiszugeben, sie denen zu geben, denen sie auch gehören. Den Opfern.«[12]

Eine verlockende Vorstellung, doch einem solchen Deal stünde das Legalitätsprinzip entgegen. Es verpflichtet die Strafverfolger, so legt es die Strafprozessordnung fest, »wegen aller verfolgbaren Straftaten einzuschreiten, sofern zureichende tatsächliche Anhaltspunkte vorliegen«. Und es existiert keine politische Kraft, die es wagen würde, Straffreiheit für ehemalige Terroristen zu fordern. Beim Thema RAF dominiert in der Öffentlichkeit noch immer das Moralisieren. Gegen die Idee eines solchen »Wahrheitstribunals« würden die Journalisten aus dem Hause Springer – die alten Reflexe funktionieren noch – sofort eine gnadenlose Kampagne starten.

Peter-Jürgen Boock, der das Reden und Schreiben über die RAF zu seiner Profession gemacht hat, greift das Schweigen seiner einstigen Genossen immer wieder scharf an. Genau das habe doch die Kriegsgeneration getan, die Eltern, die keine Antworten gegeben hätten auf die Fragen, ob sie nichts gewusst hätten von der Ermordung der Juden, warum sie keinen Widerstand geleistet hätten. »Ich habe immer gedacht, wir würden anders mit unserer Geschichte umgehen«, sagte Boock. »Aber das ist nicht so. Wir sind die Kinder unserer Eltern!«

Christian Klar wurde mit dieser Parallele von Bundespräsident Horst Köhler konfrontiert, als dieser im Mai 2007 den Ex-Terroristen traf, um sich eine Meinung über eine mögliche Begnadigung zu bilden. »Ich habe diesem Vergleich widersprochen«, schilderte Klar das Gespräch, »und ihm erklärt, dass ich nicht einverstanden bin, die RAF-Geschichte als Kriminalfall zu besprechen.« Für Klar käme »eine Unterwerfung unter die Darstellung der RAF-Geschichte als Kriminalfall« dem »Abschwören« gleich.[13] Seit seiner Entlassung im Dezember 2008 hat sich Klar allerdings auch nicht politisch zur RAF-Geschichte geäußert.

Schweigen ist der Feind der Aufklärung. Der Krieg der RAF ist ein abgeschlossener Abschnitt der Geschichte. Doch solange die Wahrheit über wichtige Anschläge im Dunklen bleibt, wird die RAF weiter in der kollektiven Erinnerung herumspuken. Solange das Schweigen dominiert, können die Betroffenen den Terror der Gruppe nicht verarbeiten. Vierzig Jahre nach den ersten Schüssen der RAF herrscht ein Schwebezustand. Die Rote Armee Fraktion existiert nicht mehr, aber sie ist noch da.

# Anmerkungen

## Vorwort
## Gewalt gebiert Gewalt

1 SPIEGEL Nr. 4/75 vom 20.1.1975, S. 56.
2 Fünf polizeiliche Todesschüsse auf Unbeteiligte sind ohne Nennung von Namen aufgeführt in: Deutscher Bundestag, Drucksache 16/6892, Antwort der Bundesregierung auf die Kleine Anfrage der Abgeordneten Jan Korte, Petra Pau und der Fraktion Die Linke vom 31.10.2007: Einsatz von Schusswaffen im Kampf gegen den Linksterrorismus, S. 3. Bei den Opfern handelte es sich um: Richard Epple, Iain McLeod, Günter Jendrian, Helmut Schlaudraff und Manfred Perder.
3 Herold, Horst: Die Lehren aus dem Terror, in: »Süddeutsche Zeitung« vom 20.5.2000.
4 Autobiografische Texte ehemaliger deutscher Terroristen gibt es von Bommi Baumann, Peter-Jürgen Boock, Karl-Heinz Dellwo, Birgit Hogefeld, Hans-Joachim Klein, Magdalena Kopp, Dieter Kunzelmann, Till Meyer, Irmgard Möller, Astrid Proll, Thorwald Proll, Gabriele Rollnik, Margrit Schiller, Inge Viett und Stefan Wisniewski. Biografien Ulrike Meinhofs haben vorgelegt: Jutta Ditfurth, Mario Krebs, Alois Prinz und Kristin Wesemann.
5 Görtemaker, Manfred: Geschichte der Bundesrepublik Deutschland. Von der Gründung bis zur Gegenwart, Frankfurt 2004, S. 587.

6 Emcke, Carolin: Stumme Gewalt. Nachdenken über die RAF, Frankfurt 2008, S. 72 f.
7 Zitat von Ulrike Meinhof in: SPIEGEL Nr. 25/70 vom 15.6.1970, S. 64.

## Kapitel 1
## Der Sprung in die Finsternis

1 Schneider, Hans Joachim: Niederschrift, Ohne Titel, S. 2.
2 Hauser, Dorothea: Baader und Herold – Beschreibung eines Kampfes, Berlin 1997, S. 15.
3 Elias, Norbert: Studien über die Deutschen. Machtkämpfe und Habitusentwicklung im 19. und 20. Jahrhundert, Frankfurt 1998, S. 300 und 307.
4 Interview des Autors mit Barbara Morawiecz vom 11.11.2009.
5 Rote Armee Fraktion: Texte und Materialien zur Geschichte der RAF, Berlin 1997, S. 24 ff.
6 SPIEGEL Nr. 25/70 vom 15.6.1970, S. 64.

## Kapitel 2
## High sein, frei sein ...

1 Voneinander unabhängige Aussagen von Tilman Fichter und Klaus Wagenbach gegenüber dem Autor belegen diese Urszene des westdeutschen Terrorismus.
2 Kramer, Bernd (Hg.): Gefundene Fragmente, Band 1, Berlin 2004, S. 90–99.
3 Becker, Jillian: Hitler's Children. The Story of the Baader-Meinhof Gang, London 1978, S. 17.
4 Universitätsarchiv FU Berlin, APO, 1519, Untersuchungsausschuss 2. Juni.
5 Sontheimer, Michael: Ein Schuß in viele Köpfe, in: »Die Zeit« 23/87 vom 29.5.1987, S. 14.

6 Soukup, Uwe: Wie starb Benno Ohnesorg. Der 2. Juni 1967, Berlin 2007, S. 104.
7 Sontheimer: Ein Schuß in viele Köpfe, S. 17.
8 Proll, Thorwald /Dubbe, Daniel: Wir kamen vom anderen Stern. Über 1968, Andreas Baader und ein Kaufhaus, Hamburg 2003, S. 22 ff.
9 Horchem, Hans Josef: Die verlorene Revolution. Terrorismus in Deutschland, Herford 1988, Umschlagrückseite.
10 Görtemaker, Geschichte der Bundesrepublik Deutschland, S. 476.
11 Hogefeld, Birgit: Ein ganz normales Verfahren. Prozesserklärungen, Briefe und Texte zur Geschichte der RAF, Berlin 1996, S. 95.
12 Görtemaker, Geschichte der Bundesrepublik Deutschland, S. 486.
13 Ensslin, Gudrun /Vesper, Bernward: »Notstandsgesetze von Deiner Hand«. Briefe 1968/1969, Frankfurt 2009, S. 131.
14 »Frankfurter Rundschau« vom 31.10.1968.
15 Aktuelle Dokumente. Die Baader-Meinhof-Gruppe, Berlin 1972, S. 191.
16 Aktuelle Dokumente. Die Baader-Meinhof-Gruppe, S. 204.
17 Staatsanwaltschaft beim Landgericht Berlin: Anklageschrift gegen Brigitte Mohnhaupt, 1.6.1973, S. 52.
18 Landgericht Berlin, Schwurgericht: Urteil gegen Ingrid Schubert, Irene Goergens, Horst Mahler, 1971, S. 50 f.

Kapitel 3
Im Untergrund

1 BStU, MfS, HA XXII, 73629/92, Bl. 23–40.
2 Generalbundesanwalt beim Bundesgerichtshof: Anklage gegen Andreas Baader, Gudrun Ensslin, Ulrike Meinhof, Holger Meins, Jan-Carl Raspe, Karlsruhe 26.9.1974, S. 98–106.
3 Raddatz, Fritz J.: Unruhestifter. Erinnerungen, Berlin 2003, S. 433.

4 Schiller Margrit: Es war ein harter Kampf um meine Erinnerung. Ein Lebensbericht aus der RAF, Hamburg 1999, S. 41 ff.
5 Rote Armee Fraktion, Texte und Materialien, S. 27–48.
6 Tolmein, Oliver: »RAF – das war für uns Befreiung«. Ein Gespräch mit Irmgard Möller über bewaffneten Kampf, Knast und die Linke, Hamburg 1996, S. 59.
7 Schiller, Es war ein harter Kampf um meine Erinnerung, S. 12. ff.
8 Peters, Butz: Tödlicher Irrtum. Die Geschichte der RAF, Berlin 2004, S. 106.
9 Siehe Herold, Die Lehren aus dem Terror, in: »Süddeutsche Zeitung« vom 20.5.2000
10 Powell, William: The Anarchist Cookbook, El Dorado 1971.
11 Rote Armee Fraktion. Texte und Materialien, S. 148.
12 Stern, Klaus/Herrmann, Jörg: Andreas Baader. Das Leben eines Staatsfeindes, München 2007, S. 14 ff.
13 Es handelt sich um Bernhard Braun, der 2009 in Berlin verstarb.


Kapitel 4
Der Kampf geht weiter

1 Interview des Autors mit Gerhart Baum am 25.5.2007 in Köln.
2 Interview des Autors mit Ulrich K. Preuß am 14.5.2007 in Berlin.
3 Zitiert nach Ditfurth, Jutta: Ulrike Meinhof. Die Biographie. Berlin 2007, S. 351 ff.
4 Zitiert nach Aust, Stefan: Der Baader Meinhof Komplex, Hamburg 2007, S. 408.
5 Zitert nach Koenen, Gerd: Vesper, Ensslin, Baader. Urszenen des deutschen Terrorismus, Köln 2003, S. 337.
6 texte: der RAF. Überarbeitete und aktualisierte Ausgabe 1983, S. 14 f.

7 SPIEGEL Nr. 47/07 vom 19.11.2007, S. 100.
8 Wisniewski, Stefan: Wir waren so unheimlich konsequent. Ein Gespräch zur Geschichte der RAF, S. 28.
9 Oberlandesgericht Stuttgart, 5. Strafsenat, Urteil gegen Siegfried Haag, Roland Mayer, Sabine Schmitz, S. 7 f.
10 Zitiert nach Aust, Baader Meinhof Komplex, S. 432 f.
11 Generalbundesanwalt beim Bundesgerichtshof: Protokoll über die Vernehmung der Beschuldigten Susanne Becker vom 18.7.1990, S. 8.
12 Zitiert nach Aust, Baader Meinhof Komplex, S. 428 f.
13 Generalbundesanwalt beim Bundesgerichtshof: Protokoll über die Vernehmung des Beschuldigten Peter-Jürgen Boock vom 1.4.1992, S. 14.
14 Urteil gegen Haag, Mayer, Schmitz, S. 41.

Kapitel 5
Die Offensive

1 Protokoll über die Vernehmung der Beschuldigten Susanne B. vom 16.7.1990, S. 6f.
2 SPIEGEL Nr. 32/80 vom 4.8.1980.
3 Diewald-Kerkmann, Gisela: Bewaffnete Frauen im Untergrund. Zum Anteil von Frauen in der RAF und der Bewegung 2. Juni, in: Kraushaar, Wolfgang (Hg.): Die RAF und der linke Terrorismus, Band 1, Hamburg 2006, S. 663.
4 SPIEGEL Nr. 33/77 vom 8.8.1977, S. 23.
5 Fotos aus dieser Serie finden sich auf S. 128. Die Filme wurden aus dem Gefängnis herausgeschmuggelt, Abzüge wieder hineingeschmuggelt, damit die Stammheimer die Fotoauswahl für das Buch »texte: der RAF« vornehmen konnten, das in Schweden produziert wurde.
6 texte: der RAF, S. 221.
7 »Süddeutsche Zeitung« vom 13.2.2007, S. 4.
8 SPIEGEL Nr. 43/02 vom 21.10.2002.
9 Protokoll über die Vernehmung der Beschuldigten Susanne B. vom 16.7.1990, S. 15.

10 Oberlandesgericht Stuttgart, 5. Strafsenat: Urteil gegen Brigitte Mohnhaupt und Christian Klar, rechtskräftig am 17.7.1986, S. 62 f.
11 Rote Armee Fraktion, Texte und Materialien, S. 269.
12 Protokoll über die Vernehmung der Beschuldigten Sigrid Sternebeck vom 6.11.1990, S. 5.
13 Protokoll über die Vernehmung der Beschuldigten Susanne B. vom 16.7.1990, S. 7 f.
14 Protokoll über die Vernehmung der Beschuldigten Sigrid Sternebeck vom 6.11.1990, S. 8.

Kapitel 6
Aktion »Spindy«

1 Pflieger, Klaus: Die Aktion »Spindy«. Die Entführung des Arbeitgeberpräsidenten Dr. Hanns Martin Schleyer, Baden-Baden 1997, S. 56.
2 Hachmeister, Lutz: Schleyer. Eine deutsche Geschichte, München 2004, S. 223–229.
3 Hachmeister, Schleyer, S. 299.
4 SPIEGEL Nr. 43/07 vom 22.10.2007, S. 65 f.
5 Generalbundesanwalt beim Bundesgerichtshof: Protokoll für die Vernehmung des Beschuldigten Peter-Jürgen Boock vom 7.4.1992, S. 5 f.
6 Dokumentation der Bundesregierung zur Entführung von Hanns Martin Schleyer. Ereignisse und Entscheidungen in Zusammenhang mit der Entführung von Hanns Martin Schleyer und der Lufthansa-Maschine »Landshut«, München 1977, S. 20.
7 Pflieger, Aktion »Spindy«, S. 35.
8 Dokumentation der Bundesregierung, S. 23 f.
9 Interview von Giovanni di Lorenzo mit Helmut Schmidt, »Die Zeit« vom 30.8.2007.
10 Klaus, Alfred: Sie nannten mich Familienbulle. Meine Jahre als Sonderermittler gegen die RAF, S. 254 f.
Aus den detaillierten Schilderungen seiner Gespräche mit

den Stammheimer RAF-Gefangenen und den Mitarbeitern der Justizvollzugsanstalt Stammheim sind auch deren Zitate aus der Zeit der Schleyer-Entführung entnommen.
11 SPIEGEL Nr. 38/97 vom 15.9.1997.
12 Oberlandesgericht Stuttgart, 5. Strafsenat: Urteil gegen Brigitte Mohnhaupt und Christian Klar, S. 109.
13 Protokoll der Vernehmung des Beschuldigten Peter-Jürgen Boock vom 27.4.1992.
14 Dokumentation der Bundesregierung, S. 119f.

Kapitel 7
Sieben Tage im Herbst

1 Müll, Diana/Boder, Christine: Mogadischu. Meine Befreiung aus Terror und Todesangst, Gießen 2007, S. 11ff.
2 Interview mit Hans-Jürgen Wischnewski, »Berliner Zeitung« vom 11.10.1997.
3 Zitiert nach Pflieger, Aktion »Spindy«, S. 90.
4 Skelton-Robinson, Thomas: Im Netz verheddert. Die Beziehungen des bundesdeutschen Linksterrorismus zur Volksfront für die Befreiung Palästinas (1969–1980), in: Kraushaar, Wolfgang (Hg.): Die RAF und der linke Terrorismus, Hamburg 2006, Band 2, S. 894.
5 Protokoll über die Vernehmung des Beschuldigten Peter-Jürgen Boock vom 24.3.1992, S. 2.
6 Wischnewski, Hans-Jürgen: Mit Leidenschaft und Augenmaß. In Mogadischu und anderswo. Politische Memoiren, München 1989, S. 218.
7 Piegler, Hannelore: Entführung. Hundert Stunden zwischen Angst und Hoffnung, Wien 1978, S. 98. Als Quelle der folgenden Schilderungen der Ereignisse an Bord der »Landshut« dienen die Erinnerungen der Chefstewardess sowie die von Diana Müll.
8 Aust, Baader Meinhof Komplex, S. 799.

9 Interview mit Jürgen Vietor, »Frankfurter Rundschau« vom 13.10.2007.
10 Dokumentation der Bundesregierung, S. 168.
11 Klaus, Sie nannten mich Familienbulle, S. 283.
12 Zitiert nach SPIEGEL Nr. 37/07, S. 53.
13 Tolmein, Oliver: »RAF – das war für uns die Befreiung«. Ein Gespräch mit Irmgard Möller über bewaffneten Kampf, Knast und die Linke, Hamburg 1997, S. 133, Fußnote.
14 Es gibt allerdings ein Indiz, das für das Wissen von Ermittlern um die Waffen in Stammheim spricht. Am 2. Oktober 1977 hatte sich der RAF-Unterstützer und Kurier Volker Speitel verhaften lassen, der Aktenordner für das Einschmuggeln der Waffen nach Stammheim präpariert hatte. Speitel erkaufte sich einen Strafnachlass und eine neue Existenz in Brasilien durch umfassende Aussagen, unter anderem über das Einschmuggeln der Waffen. Die Bundesanwaltschaft behauptete stets, dass ihr Vertreter Speitel nicht während der Schleyer-Entführung, sondern erstmals unmittelbar nach dem Tod Schleyers vernommen habe. Dass aber die Bundesanwaltschaft nicht versucht haben soll, von Speitel Informationen über die Entführer Schleyers und dessen Aufenthaltsort zu bekommen, erscheint sehr unwahrscheinlich.
15 Protokoll über die Vernehmung des Beschuldigten Peter-Jürgen Boock vom 8.4.1992, S. 12f.
16 Zitiert nach Sontheimer, Michael/Kallscheuer, Otto (Hg.): Einschüsse. Besichtigung eines Frontverlaufs zehn Jahre nach dem deutschen Herbst, Berlin 1987, S. 28. Das nachfolgende Zitat von Hans-Jochen Vogel findet sich ebenda auf Seite 25.

Kapitel 8
Exil und Verrat

1 Sternebeck, Sigrid: Niederschrift, Ohne Titel, 1990, S. 5.
2 Peters, Tödlicher Irrtum, S. 479
3 Protokoll über die Vernehmung der Beschuldigten Susanne B. vom 18.7.1990, S. 15.
4 Sternebeck, Niederschrift, S. 6.
5 Rote Armee Fraktion, Texte und Materialien, S. 291–06.
6 SPIEGEL Nr. 47/98, S. 50.
7 Zitiert nach Peters, Tödlicher Irrtum, S. 585.


Kapitel 9
Die dritte Generation

1 Gespräch des Autors mit Helmut Voigt im Herbst 2007 in Berlin.
2 SPIEGEL Nr. 42/97 vom 13.10.1997.
3 Interview des Autors mit Patrick von Braunmühl am 12.10.2007 in Berlin.
4 Hogefeld, Birgit: Ein ganz normales Verfahren, S. 95.
5 Rote Armee Fraktion: Texte und Materialien, S. 327.
6 Zitiert nach Winkler, Willi: Die Geschichte der RAF, Berlin 2007, S. 512, Fußnote 4.
7 Straßner, Alexander: Die dritte Generation der »Roten Armee Fraktion«, Wiesbaden 2009, S. 119 und 289.
8 Straßner, Die dritte Generation, S. 156.
9 »die tageszeitung« vom 7.11.1986.
10 Zitiert nach Straßner, Die dritte Generation, S. 160.
11 SPIEGEL Nr. 41/97 vom 13.10.1997.
12 Rote Armee Fraktion: Texte und Materialien, S. 412.
13 SPIEGEL Nr. 35/93 vom 30.8.1993.
14 »die tageszeitung« vom 29.10.1993.
15 Zitiert nach Straßner, Die dritte Generation, S. 282.
16 Rote Armee Fraktion, Texte und Materialien, S. 502.

Kapitel 10
Die Mühen der Aufarbeitung

1 Buback, Michael: Fremde, ferne Mörder, in: »Süddeutsche Zeitung« vom 24.1.2007.
2 Buback, Michael: Gnade und Recht. Manuskript des Vortrags im Badischen Staatstheater in Karlsruhe am 14. Oktober 2007, S. 8.
3 Urteil gegen Brigitte Mohnhaupt und Christian Klar, S. 49.
4 Gespräch des Autors mit Manfred Grashof am 22.5.2007 in Berlin.
5 Urteil gegen Siegfried Haag, Roland Mayer, Sabine Schmitz, S. 65.
6 Urteil gegen Brigitte Mohnhaupt und Christian Klar, S. 353.
7 Zeugenaussage von Brigitte Mohnhaupt in der Hauptverhandlung gegen »Baader u. a.« in Stammheim, in: texte: der RAF, S. 222.
8 »die tageszeitung« vom 2.6.2007.
9 E-mail mit Datum des 27.12.2005 von Stefan Pieper, Leiter des Referats Verfassung und Recht, Justiziariat im Bundespräsidialamt, an den Autor.
10 Tolmein, »RAF – das war für uns Befreiung.«, S. 134 f.
11 Protokoll über die Vernehmung der Beschuldigten Susanne B. vom 16.7.1990, S. 19 f.
12 Emcke, Stumme Gewalt, S. 99.
13 »Freitag« Nr. 51/07 vom 21.12.2007.

# Quellen und Literatur

1. Ausgewählte unveröffentlichte Quellen

Bundeskriminalamt: Bericht über die Auswertung des am
 4.2.74 anlässlich der Festnahmen von neun Mitgliedern der
 kriminellen Vereinigung »Rote Armee Fraktion« (RAF)
 beschlagnahmten Beweismaterials, Bonn-Bad Godesberg
 7.5.1974.
Bundeskriminalamt, Sicherungsgruppe: Protokolle über Vernehmungen des Beschuldigten Karl-Heinz Ruhland, Bonn-Bad Godesberg 1971.
Generalbundesanwalt beim Bundesgerichtshof: Anklage gegen
 Andreas Baader, Gudrun Ensslin, Ulrike Meinhof, Holger
 Meins, Jan-Carl Raspe, Karlsruhe 26.9.1974.
Generalbundesanwalt beim Bundesgerichtshof: Anklage gegen
 Knut Folkerts, Karlsruhe 24.8.1979.
Generalbundesanwalt beim Bundesgerichtshof: Protokolle
 über die Vernehmungen der Beschuldigten Susanne B., geb.
 Albrecht, Bühl und Hamburg 1990.
Generalbundesanwalt beim Bundesgerichtshof: Protokolle über
 die Vernehmungen des Beschuldigen Peter-Jürgen Boock,
 Hamburg 1992.
Generalbundesanwalt beim Bundesgerichtshof: Protokolle
 über die Vernehmungen der Beschuldigten Sigrid Sternebeck,
 Wiesbaden 1990.
Kammergericht Berlin, 1. Strafsenat: Urteil gegen Horst
 Mahler, rechtskräftig seit 23.11.1973.
Landgericht Berlin, Große Strafkammer 2a: Urteil gegen

Brigitte Mohnhaupt, Bernhard Braun, ausgefertigt am 13.1.1975.

Landgericht Berlin, Schwurgericht: Urteil gegen Ingrid Schubert, Irene Goergens, Horst Mahler, 1971.

Landgericht Berlin, Schwurgericht: Urteil gegen Willi Räther, Verena Becker, 12.12.1974.

Ministerium für Staatssicherheit: HA XXII, 5990/5 und 19897, Rekonstruierte Akten über Susanne Albrecht.

Ministerium für Staatssicherheit: HA XXII, 73629/92, Akte über Hans-Jürgen Bäcker.

Oberlandesgericht Düsseldorf, 4. Strafsenat: Urteil gegen Lutz Taufer, Karl-Heinz Dellwo, Bernhard Rössner, Hanna Krabbe, rechtskräftig seit 1.3.1975.

Oberlandesgericht Stuttgart, 2. Strafsenat: Urteil gegen Andreas Baader, Gudrun Ensslin, Jan-Carl Raspe, 1977.

Oberlandesgericht Stuttgart, 2. Strafsenat: Urteil gegen Knut Folkerts, ausgefertigt am 6.10.1980.

Oberlandesgericht Stuttgart, 2. Strafsenat: Urteil gegen Johannes Thimme, ausgefertigt am 17.8.1978.

Oberlandesgericht Stuttgart, 5. Strafsenat: Urteil gegen Verena Becker, ausgefertigt am 24.2.1978.

Oberlandesgericht Stuttgart, 5. Strafsenat: Urteil gegen Siegfried Haag, Roland Meyer, Sabine Schmitz, ausgefertigt am 30.11.1979.

Oberlandesgericht Stuttgart, 5. Strafsenat: Urteil gegen Brigitte Mohnhaupt und Christian Klar, rechtskräftig seit 17.7.1986.

Schneider, Hans Joachim: Niederschrift über die Vorfälle am 14.5.1970 am Deutschen Zentralinstitut für soziale Fragen, Berlin 1970.

Sonderkommission Baader/Meinhof: Protokolle über die Vernehmungen der Beschuldigten Edelgard Gräfer, Berlin 1971.

Staatsanwaltschaft bei dem Landgericht Berlin: Anklage gegen Brigitte, Mohnhaupt, Katharina Hammerschmidt, 1.6.1973.

Sternebeck, Sigrid: Niederschrift, 1990.

## 2. Literatur

Aktuelle Dokumente. Die Baader-Meinhof-Gruppe. Zusammengestellt von Reinhard Rauball, Berlin 1972.
Aly, Götz: Unser Kampf. 1968 – ein irritierter Blick zurück, Frankfurt 2008.
Aust, Stefan: Der Baader Meinhof Komplex, Hamburg 2008.
Bakker Schut, Pieter H.: Stammheim. Der Prozess gegen die Rote Armee Fraktion, Kiel 1986.
Becker, Jillian: Hitler's Children. The Story of the Baader-Meinhof Gang, London 1978.
Bick, Martin / Proll, Thorwald (Hg.): »Die schönste Jugend ist gefangen«. Freiheit für Irmgard Möller in Lyrik und Prosa, Hamburg 1994.
Boock, Peter-Jürgen: Die Entführung und Ermordung des Hanns Martin Schleyer. Eine dokumentarische Fiktion, Frankfurt 2002.
Botzat, Tatjana / Kiderlen, Elisabeth / Wolff, Frank: Ein deutscher Herbst. Zustände, Dokumente, Berichte, Kommentare, Frankfurt 1978.
Breloer, Heinrich: Todesspiel – Von der Schleyer-Entführung bis Mogadischu. Eine dokumentarische Erzählung, Köln 1997.
Buback, Michael: Der zweite Tod meines Vaters, München 2008.
Dellwo, Karl-Heinz: Das Projektil sind wir. Der Aufbruch einer Generation, die RAF und die Kritik der Waffen, Hamburg 2007.
Ditfurth, Jutta: Ulrike Meinhof. Die Biografie, Berlin 2007.
Dokumentation der Bundesregierung zur Entführung von Hanns Martin Schleyer. Ereignisse und Entscheidungen im Zusammenhang mit der Entführung von Hanns Martin Schleyer und der Lufthansa-Maschine »Landshut«, München 1977.
Dutschke, Gretchen: Rudi Dutschke. Wir hatten ein barbarisches, schönes Leben. Eine Biographie, Köln 2007.

Edschmid, Ulrike: Frau mit Waffe. Zwei Geschichten aus terroristischen Zeiten, Frankfurt 2001.
Elias, Norbert: Studien über die Deutschen. Machtkämpfe und Habitusentwicklung im 19. und 20. Jahrhundert, Frankfurt am Main 1998.
Emcke, Carolin: Stumme Gewalt. Nachdenken über die RAF, Frankfurt 2008.
Ennslin, Gudrun / Vesper, Bernward: »Notstandsgesetze von Deiner Hand«. Briefe 1968/1969. Mit einer Nachbemerkung von Felix Ensslin, Frankfurt 2009.
Enzensberger, Ulrich: Die Jahre der Kommune I. Berlin 1967–1969, Köln 2004.
Feldmann, Hans-Peter: Die Toten, 1967–1993. Studentenbewegung, APO, Baader-Meinhof, Bewegung 2. Juni, Revolutionäre Zellen, RAF, ...; Düsseldorf 1998.
Froese, Kerstin / Scholzen, Reinhard: GSG9. Innenansichten eines Spezialverbandes des Bundesgrenzschutzes, Stuttgart 1997.
Görtemaker, Manfred: Geschichte der Bundesrepublik Deutschland. Von der Gründung bis zur Gegenwart, Frankfurt 2004.
Goettle, Gabriele: Wer ist Dorothea Ridder? Rekonstruktion einer beschädigten Erinnerung, Berlin 2009.
Hachmeister, Lutz: Schleyer. Eine deutsche Geschichte, München 2004.
Hauser, Dorothea: Baader und Herold – Beschreibung eines Kampfes, Berlin 1997.
Hogefeld, Birgit: Ein ganz normales Verfahren. Prozesserklärungen, Briefe und Texte zur Geschichte der RAF, Berlin 1996.
Holderberg, Angelika (Hg.): Nach dem bewaffneten Kampf. Ehemalige Mitglieder der RAF und Bewegung 2. Juni sprechen mit Therapeuten über ihre Vergangenheit, Gießen 2007.
Horchem, Hans Josef: Die verlorene Revolution. Terrorismus in Deutschland, Herford 1988.
Khaled, Leila: Mein Volk soll leben. Autobiographie der palästinensischen Revolutionärin, München 1974.

Klaus, Alfred: Sie nannten mich Familienbulle. Meine Jahre als Sonderermittler gegen die RAF, Hamburg 2008.

Klein, Hans-Joachim: Rückkehr in die Menschlichkeit. Appell eines ausgestiegenen Terroristen, Hamburg 1979.

Koenen, Gerd: Vesper, Ensslin, Baader. Urszenen des deutschen Terrorismus, Köln 2003.

Krall, Hanna: Der Hintergrund des Auges. In: Hypnose. Erzählungen, Frankfurt 1998, S. 192–228.

Kramer, Bernd (Hg.): Gefundene Fragmente 1967–1980, Band 1: Die umherschweifenden Haschrebellen & Peter Handke, Hartmut Sander, Rolf Dieter Brinkmann, Rudi Dutschke, Rainer Langhans, Fritz Teufel u. a. Berlin 2004.

Kraushaar, Wolfgang: Die Bombe im Jüdischen Gemeindehaus, Hamburg 2005.

Kraushaar, Wolfgang: Die RAF und der linke Terrorismus, 2 Bände, Hamburg 2006.

Krebs, Mario: Ulrike Meinhof. Ein Leben im Widerspruch, Hamburg 1988.

März, Michael: Die Machtprobe 1975. Wie RAF und Bewegung 2. Juni den Staat erpressten, Leipzig 2007.

Meyer, Till: Staatsfeind. Erinnerungen, Hamburg 1996.

Müll, Diana / Bode, Christine: Mogadischu. Meine Befreiung aus Terror und Todesangst, Gießen 2007.

Müller, Michael / Kanonenberg, Andreas: Die RAF-Stasi-Connection, Berlin 1992.

Oesterle, Kurt: Stammheim. Der Vollzugsbeamte Horst Bubeck und die RAF-Häftlinge, München 2003.

Peters, Butz: Tödlicher Irrtum. Die Geschichte der RAF, Berlin 2004.

Pflieger, Klaus: Die Aktion »Spindy«. Die Entführung des Arbeitgeberpräsidenten Dr. Hanns Martin Schleyer, Baden-Baden 1997.

Pflieger, Klaus: Die Rote Armee Fraktion. 14.5.1970 bis 20.4.1998, Baden-Baden 2007.

Piegler, Hannelore: Entführung. Hundert Stunden zwischen Angst und Hoffnung, Wien 1978.

Powell, William: The Anarchist Cookbook, El Dorado 1971.
Prinz, Alois: Lieber wütend als traurig. Die Lebensgeschichte der Ulrike Meinhof, Frankfurt 2005.
Proll, Astrid: Hans und Grete. Bilder der RAF 1967–1977, Berlin 2004.
Proll, Thorwald / Dubbe, Daniel: Wir kamen vom anderen Stern: Über 1968, Andreas Baader und ein Kaufhaus, Hamburg 2003.
Raddatz, Fritz J.: Unruhestifter. Erinnerungen, Berlin 2003.
Rote Armee Fraktion. Texte und Materialien zur Geschichte der RAF, Berlin 1997.
Schiller, Margrit: »Es war ein harter Kampf um meine Erinnerung«. Ein Lebensbericht aus der RAF, Hamburg 1999.
Schneider, Peter: Rebellion und Wahn. Mein 68, Köln 2008.
Siemens, Anne: Durch die Institutionen oder in den Terrorismus. Die Wege von Joschka Fischer, Daniel Cohn-Bendit, Hans Joachim Klein und Johannes Weinrich, Diss., München 2006.
Siemens, Anne: Für die RAF war er das System, für mich der Vater. Die andere Geschichte des deutschen Terrorismus, München 2007.
Sontheimer, Michael / Kallscheuer, Otto: Einschüsse. Besichtigung eines Frontverlaufs zehn Jahre nach dem deutschen Herbst, Berlin 1987.
Soukup, Uwe: Wie starb Benno Ohnesorg? Der 2. Juni 1967, Berlin 2007.
Sozialistisches Patientenkollektiv: Aus der Krankheit eine Waffe machen. Eine Agitationsschrift. Vorwort von J. P. Sartre, München 1972.
Stern, Klaus / Herrmann, Jörg: Andreas Baader. Das Leben eines Staatsfeindes, München 2007.
Die alte Straßenverkehrsordnung. Dokumente der RAF, Berlin 1986
Straßner, Alexander: Die dritte Generation der »Roten Armee Fraktion«. Entstehung, Struktur, Funktionslogik und Zerfall einer terroristischen Organisation, Wiesbaden 2003.

texte: der RAF, Aktualisierte Ausgabe 1983.
Thimme, Ulrike: Eine Bombe für die RAF. Das Leben und Sterben des Johannes Thimme von seiner Mutter erzählt, München 2004.
Tolmein, Oliver: »RAF – das war für uns die Befreiung«. Ein Gespräch mit Irmgard Möller über bewaffneten Kampf, Knast und die Linke, Hamburg 1997.
Viett, Inge: Nie war ich furchtloser. Autobiographie, Hamburg 1996.
Weinhauer, Klaus / Requate, Jörg / Haupt, Heinz-Gerhard (Hg.): Terrorismus in der Bundesrepublik. Medien, Staat und Subkulturen in den 1970er Jahren, Frankfurt/New York 2006.
Wesemann, Kristin: Ulrike Meinhof. Kommunistin, Journalistin, Terroristin. Eine politische Biografie, Baden-Baden 2007.
Winkler, Willi: Die Geschichte der RAF, Berlin 2007.
Wischnewski, Hans-Jürgen: Mit Leidenschaft und Augenmaß. In Mogadischu und anderswo. Politische Memoiren, München 1989.
Wisniewski, Stefan: »Wir waren so unheimlich konsequent...«. Ein Gespräch zur Geschichte der RAF, Berlin 1997.
Wunschik, Tobias: Baader-Meinhofs Kinder. Die zweite Generation, Opladen 1997.
Zimmermann, Friedrich: Kabinettstücke: Politik mit Strauß und Kohl, Frankfurt/Berlin 1994.
Zwischenberichte. Zur Diskussion über die Politik der bewaffneten und militanten Linken in der BRD, Italien und der Schweiz, Berlin 1998.

3. Interviews und Gespräche

Der Autor führte Interviews oder Hintergrundgespräche mit: Gerhart Baum, Bommi Baumann, Marieluise Becker, Susanne Becker, Monika Berberich, Peter-Jürgen Boock, Patrick von Braunmühl, Michael Buback, Dany Cohn-Bendit, Karl-Heinz

Dellwo, Said Dudin, Klaus Eschen, Tilmann Fichter, Knut Folkerts, Armin Golzem, Manfred Grashof, Rainer Griesbaum, Birgit Hogefeld, Bernhard Kotsch, Horst Mahler, Silke Maier-Witt, Roland Mayer, Till Meyer, Ulrich K. Preuß, Astrid Proll, Jürgen Schneider, Klaus Schütz, Ursula Seifert, Eckhard Siepmann, Christian Ströbele, Walter Venedey, Antje Vollmer, Hartmut Wächtler, Klaus Wagenbach, Helga Wullweber.

# Dank

Mein Dank für Unterstützung unterschiedlicher Art gilt Georg Bönisch, Helmar Büchel, Jürgen Gottschlich, Bertolt Hunger, Hannah Kruse, Astrid Proll und Leon Sontheimer.

# Personenregister

## A
Alameh, Hind 121
Albrecht, Julia 92
Albrecht, Peter-Alexis 169
Albrecht, Susanne 16, 18, 69, 76, 83, 92–97, 111, 137, 137–140, 143, 145, 151, 185f.
Akache, Zohair, »Captain Mahmud« 116, 118, 120f., 123–127, 131
Arafat, Jassir 42, 64
Aust, Stefan 9, 151

## B
Baader, Andreas 9, 13f., 19f., 24, 28, 32, 34–42, 45–49, 51, 54f., 58–61, 63–67, 71, 73, 75f., 80, 82, 84f., 90, 97, 106, 110, 114f., 128, 129, 130–134, 140, 160, 168f. 172, 181, 185
Bachmann, Josef 32
Bäcker, Jürgen 43f., 49, 131
Baum, Gerhart 25, 61, 165
Baumann, Bommi 24f., 49, 146
Becker, Marieluise 61, 66
Becker, Verena 76, 81, 88, 91, 106, 146–149, 151, 176f., 182, 184–187
Beckurts, Karl-Heinz 154, 159f.
Beer, Henning 138
Beer, Wolfgang 141
Berberich, Monika 45, 67, 179
Beyer, Sylvia 150 *siehe auch* Maier-Witt, Silke
Biermann, Wolf 32
Bloomquist, Paul A. 56
Böll, Heinrich 9, 173
Bölling, Klaus 106, 112
Boock, Peter-Jürgen 7, 36, 76f., 79, 81, 85–87, 93f., 96, 98, 104f., 111, 120, 135, 139, 140, 148, 160, 174f., 177, 189
Boock, Waltraud 77, 81
Brändle, Reinhold 100f.
Braunmühl, Gerold von 155, 161, 173
Braunmühl, Patrick von 155, 171
Buback, Michael 173–175, 177f., 182–184

Buback, Siegfried 8, 80, 86–92, 129, 174, 176–178, 180, 184–186
Bubis, Ignatz 169
Buddenberg, Wolfgang 56
Brandt, Willy 16f., 54, 60
Brauchitsch, Eberhard von 79
Brückner, Peter 47

C
Captain Mahmud *siehe* Akache, Zohair
Chotjewitz, Peter O. 38f.
Cleaver, Eldridge 50
Cohn-Bendit, Dany 34, 75
Cossiga, Francesco 122
Croissant, Klaus 64, 84

D
Dahl, Harry 140f.
Debray, Régis 37
Dellwo, Karl-Heinz 69, 71, 92, 106, 159, 168, 180
Dönhoff, Marion Gräfin 7, 48
Dollinger, Friederike 26f.
Dümlein, Christiane 138, 142f.,
Dutschke, Rudi 32f., 38, 70, 136
Dyck, Elisabeth von 139, 157

E
Eckes, Christa 153
Emcke, Carolin 11, 188

Ensslin, Gudrun 14, 19, 23, 25, 28f., 32, 34–40, 42, 44, 46, 48f., 51, 55f., 59f., 63f., 66f., 73, 76–78, 82, 84–87, 89f., 97, 106, 114f., 128f., 132f., 160, 169, 172, 185
Enzensberger, Hans Magnus 18, 173
Ernst, Barbara 153
Eschen, Klaus 33

F
Filbinger, Hans 79
Fischer, Joschka 136
Fischer, Oskar 127
Folkerts, Knut 68, 79, 91, 112, 168, 174–178, 181, 186
Frey, Stefan 153
Friedrich, Ralf Baptist 68, 138, 142

G
Garweg, Burkhard 171, 172
Genscher, Hans-Dietrich 60, 65, 115, 127
Gerlach, Angelika 143, 150f. *siehe auch* Maier-Witt, Silke
Geyer, Florian 44
Geyr, Andreas 99
Goergens, Irene 14, 19, 47
Göbel, Wolfgang 87f.
Grams, Wolfgang 68, 155–157, 160, 163, 167, 171f.

Grashof, Manfred 20, 51, 178f.
Griesbaum, Rainer 184
Groenewald, Kurt 64
Groppler, Eckhard 159

## H
Haag, Siegfried 68f., 71, 73, 76, 78–81, 111, 130
Haddad, Wadi, »Abu Hani« 120, 126
Haig, Alexander 140
Harb, Nabil 121, 131
Harms, Monika 183f., 188
Hassan, Abu 64
Hassemer, Winfried 164
Haule, Eva 155, 160, 165
Hauser, Dorothea 16
Hausner, Siegfried 70, 72f., 88, 99, 106, 119, 135
Heißler, Rolf 76, 81, 85, 103, 120, 135, 139, 178
Helbing, Monika 68, 138, 143f.
Hemberger, Walter 184
Henze, Hans Werner 38
Herold, Horst 8, 17, 54f., 82, 89f., 107–110, 148, 188
Herrhausen, Alfred 8, 11, 162, 164, 188
Herzog, Roman 182
Hillegaart, Heinz 72
Hofmann, Sieglinde 81, 92, 104f., 133f., 148, 180
Hogefeld, Birgit 31, 154–157, 160, 162, 166–168, 172
Homann, Peter 42
Hoppe, Werner 106
Horchem, Hans Josef 30, 86

## J
Jäger, Ingrid 143, 145, 151 *siehe auch* Albrecht, Susanne
Jakobsmeier, Ingrid 153
Janssen, Katharina 143
Janssen, Manfred 143
Jünschke, Klaus 32, 60

## K
Kinkel, Klaus 165
Klar, Christian 68, 79, 81, 94–96, 140–142, 144, 149, 154, 164, 174–177, 180, 182, 184, 186, 189
Klaus, Alfred 109f., 114f., 130, 147
Klette, Daniela 171f.
Klump, Andrea 163
Kohl, Helmut 72, 106, 108, 162
Krabbe, Friederike 81
Krabbe, Hanna 106
Kroesen, Frederick 145
Kuby, Christine 139
Kuhlmann, Brigitte 123
Kurras, Karl-Heinz 25–27

L
Langhans, Rainer 83
Lorenz, Peter 72, 76
Lotze, Werner 138, 142f., 152

M
Mahler, Horst 14, 19, 33, 36, 38–42, 44, 45, 47f., 60, 64f., 67, 179
Maier-Witt, Silke 103, 133f., 138, 140, 143, 150, 178
Maihöfer, Werner 65, 100, 122
Marcisz, Heinz 100
Marcuse, Herbert 35f.
Marighella, Carlos 10, 45, 46
Martyr, Mahmud Captain *siehe* Akache, Zohair
Mayer, Roland 68, 79–81, 179
Meinhof, Ulrike 8f., 13–15, 19–21, 24, 33f., 36, 38, 40–42, 44, 46–54, 53f., 57, 59, 60, 62–65, 67, 73, 75, 77f., 84f., 88, 109, 145, 147, 158, 169
Meins, Holger 48, 55, 58f., 68–71, 73, 79, 88, 156
Merkel, Angela 186
Meyer, Horst 163–165
Mielke, Erich 43, 141, 144, 149
Mirbach, Andreas Baron von 71
Mitterrand, François 37

Möller, Irmgard 53, 57, 60, 106, 132, 134, 161, 185
Mohnhaupt, Brigitte 34f., 55, 59, 82–88, 94–97, 102f., 106, 111, 120, 133–135, 139f., 148f., 154, 160, 168f., 175–177, 180–182, 184–186
Morawiecz, Barbara 19
Müll, Diana 117, 125
Müller, Arndt 86f.
Müller, Gerhard 53, 56, 59, 187

N
Neiber, Gerhard 144
Neusel, Hans 162
Newrzella, Michael 167
Nixon, Richard 56, 74
Nollau, Günter 86

O
Obermeier, Uschi 83
Ohnesorg, Benno 25–28

P
Pahlevi, Resa Schah Mohammed 23
Palme, Olof 72
Piegler, Hannelore 126, 130
Pieler, Roland 100f.
Pimental, Edward 159
Pitsch, Reinhard 181
Pohl, Helmut 153, 182
Ponto, Corinna 94f.
Ponto, Ignes 94f., 173

Ponto, Jürgen 16, 79f., 92, 94–97, 137, 180
Preuß, Ulrich K. 62–64, 66
Prinzing, Theodor 69, 74, 90
Proll, Astrid 29, 36f., 45, 62, 76, 179
Proll, Thorwald 32, 36f.

R
Raschid Bin, Scheich Mohammed 124
Raspe, Jan-Carl 24, 48, 55f., 58, 73, 90, 106, 114, 128–133, 169, 185
Rau, Johannes 182
Rebmann, Kurt 107, 110, 129, 158, 161f., 176, 182f., 187
Rinser, Luise 38
Rößner, Bernd 106
Rohwedder, Detlev Karsten 8, 162, 164

S
Sartre, Jean-Paul 75, 112
Sayeh, Souhaila 121, 127, 131
Schäuble, Wolfgang 186f.
Scheel, Walter 60
Schelm, Petra 20, 51–53, 56
Schiller, Margrit 49f., 53, 64
Schily, Otto 26, 33, 64, 65, 74, 136
Schleyer, Hanns Martin 7f., 18, 79, 81, 92, 94, 99–114, 118–120, 127, 130, 133, 135f., 139, 161, 178, 180

Schmid, Norbert 53
Schmidt, Helmut 17, 71–73, 79, 90, 92, 105–108, 110, 118, 122, 126, 128, 131, 135
Schneider, Dirk 20
Schneider, Gert 138f.
Schneider, Hans Joachim 13f.
Schubert, Ingrid 14, 47, 102, 104, 149, 182
Schütz, Klaus 118, 124–127
Schulz, Adelheid 68, 79, 102, 104, 149, 182
Schumann, Jürgen 118, 124–127
Seckendorff-Gudent, Ekkehard von 138, 141–144
Shehadah Duaibes, Nadia 131
Söhnlein, Horst 32
Sonnenberg, Günther 68, 79, 81, 91, 106, 175–177
Speitel, Angelika 103f., 111, 182
Speitel, Volker 68, 84f., 92
Staub, Ernst-Volker 153, 171f.
Steinmetz, Klaus 166f.
Sternebeck, Sigrid 96, 138, 140, 142
Stoll, Willy Peter 68, 100, 104, 139, 156
Strauß, Franz Josef 60, 62, 100
Ströbele, Christian 33, 65, 74, 136, 168f.
Stücklen, Richard 68

T
Taufer, Lutz 68, 168
Teufel, Fritz 26
Thimme, Johannes 81
Tietmeyer, Hans 162
Trittin, Jürgen 136

U
Ulmer, Helmut 100f.
Urbach, Peter 39, 166

V
Vesper, Bernward 34
Vietor, Jürgen 123, 126
Viett, Inge 138, 140–142, 146, 149, 152
Vogel, Hans-Jochen 68, 114, 136

W
Wackernagel, Christoph 138
Wagenbach, Klaus 14, 27, 29, 40, 50, 78
Wagner, Rolf Klemens 77, 81, 134, 140, 182
Waigner, Emil 102
Waignerová, Marie 102
Walser, Martin 173
Weber, Anja 150
Wegener, Ulrich 123, 126
Weitemeier, Grete 40
Weizsäcker, Richard von 7, 182
Werner, Hans-Ulrich 23
Wessel, Ulrich 70, 72
Wischnewski, Hans-Jürgen 109, 122, 124, 126, 131
Wisniewski, Stefan 69, 73, 81, 87, 92, 104f., 135, 139, 175f., 178, 184, 186f.
Wurster, Georg 87f.

Z
Zimmermann, Ernst 153, 157–159
Zimmermann, Friedrich 107f.

# Bildnachweis

Seite 15: Max Ehlert/DER SPIEGEL
Seite 17: ullstein bild
Seite 26: ullstein bild
Seite 27: Wolfgang Schöne
Seite 31: Nick Ut/AP
Seite 34: Digne Meller-Marcovicz/360-Berlin
Seite 37: Astrid Proll
Seite 48: Giehr/DPA
Seite 52: DPA
Seite 59: Picture Press/Stern
Seite 65: DPA
Seite 70: Privat
Seite 75: Sven Simon
Seite 77: Norsk Presse Service
Seite 82: BKA /Quelle: Klaus Stern »Andreas Baader – Leben eines Staatsfeindes«, DTV-Verlag
Seite 89: Sven Simon
Seite 93: AP und privat
Seite 95: ullstein bild/Sven Simon
Seite 101: Picture Alliance/DPA
Seite 103: BKA
Seite 107: Wolf P. Prange
Seite 113: AP
Seite 121: AP (2 Bilder)
Seite 125: DPA
Seite 128: AP
Seite 129: Ilja Clemens Hendel/Visum

Seite 133: Sven Simon
Seite 145: Action Press
Seite 147: Norbert Försterling/DPA
Seite 157: Privat und Action Press
Seite 165: DPA (2 Bilder)
Seite 171: DPA
Seite 175: Marcel Mettelsiefen/DPA
Seite 183: Sven Simon
Seite 187: Action Press

# Der Krieg gegen den Terror und seine Folgen

Thomas Darnstädt
Der globale Polizeistaat
Terrorangst, Sicherheitswahn und
das Ende unserer Freiheiten
Ein SPIEGEL-Buch

352 Seiten,
gebunden mit Schutzumschlag
ISBN 978-3-421-04482-2

Seit den Anschlägen vom 11. September 2001 verschwimmen im Kampf gegen den Terrorismus die Grenzen zwischen Krieg und Frieden und zwischen Polizei- und Militäreinsätzen. Fast unbemerkt entsteht dabei ein neues Recht. Völker- und Staatsrechtler, die westliche Regierungen beraten, arbeiten am Modell eines globalen Polizeistaates, in dem die Bürgerrechte bei Bedarf eingeschränkt würden. Eindrücklich zeigt Thomas Darnstädt, wie der freiheitliche Rechtsstaat im Kampf gegen den Terror ins Wanken gerät. Und er warnt: Die neue Praxis könnte das Ende unserer Freiheiten bedeuten.

www.dva.de

# Zwei streitbare Autoren und eine heikle Frage

Henryk M. Broder, Erich Follath
Gebt den Juden Schleswig-Holstein!
Wenn Deutsche Israel kritisieren –
Ein Streit
Ein SPIEGEL-Buch

176 Seiten,
gebunden mit Schutzumschlag
ISBN 978-3-421-04482-2

In welcher Form darf man als Deutscher Israel kritisieren? Geht das angesichts unserer Geschichte überhaupt: Israel wie jedes x-beliebige Land zu behandeln? Die Erfolgsautoren Henryk M. Broder und Erich Follath haben sich scharfzüngig und debattierfreudig dieses brisanten Themas angenommen. Aus ihrer Auseinandersetzung ist ein ebenso erhellendes wie unterhaltsames Buch entstanden, das zum Weiterdiskutieren herausfordert.

www.dva.de